刘力 ◎ 编著

U0597084

只有解决了问题，你才真正地完成了自己的工作。
工作不是被动地"打工"，也不是消极地"完成任务"。
工作的实质是主动解决妨碍我们实现目标的一个个问题。

工作就是解决问题

守初心，担使命，找差距，抓落实

新时代
优秀员工

中华工商联合出版社

图书在版编目（CIP）数据

工作就是解决问题 / 刘力编著. -- 北京：中华工
商联合出版社, 2019.11
　　ISBN 978-7-5158-2596-0

　　Ⅰ. ①工… Ⅱ. ①刘… Ⅲ. ①工作方法－通俗读物
Ⅳ. ①B026-49

中国版本图书馆CIP数据核字(2019)第221349号

工作就是解决问题

作　　者：	刘 力
策划编辑：	关山美
责任编辑：	关山美
封面设计：	北京聚佰艺文化传播有限公司
责任审读：	于建廷
责任印制：	陈德松
出版发行：	中华工商联合出版社有限责任公司
印　　制：	盛大（天津）印刷有限公司
版　　次：	2020年1月第1版
印　　次：	2024年1月第5次印刷
开　　本：	710mm×1020mm 1/16
字　　数：	240千字
印　　张：	14
书　　号：	ISBN 978-7-5158-2596-0
定　　价：	63.00元

服务热线：010—58301130
销售热线：010—58301130
地址邮编：北京市西城区西环广场 A 座
　　　　　19—20 层，100044
http：//www.chgslcbs.cn
E-mail：cicap1202@sina.com（营销中心）
E-mail：gslzbs@sina.com（总编室）

工商联版图书
版权所有 侵权必究

凡本社图书出现印装质量
问题，请与印务部联系
联系电话：010-58302915

目 录

第一章

工作的实质就是不断解决问题

工作不只是为了薪水

你的工作来之不易，所以我们应把珍惜自己的工作当成是一种责任、一种承诺、一种义务、一种使命。

时刻尽心尽责，将自己当作企业的主人，为自己工作的员工，会收获事业的成功与生活的富足。每一天，都要尽心尽力地工作；每一件小事情，都要力争高效地完成。自己主动地、尽心尽力地去工作，把工作做好，这也是实现自我、成就卓越的必经之路。

谁有资格不珍惜自己的工作呢？一份工作能带给你生存的快乐，体现你的价值，也是你生存的保障，是你幸福的源泉。工作值得好好珍惜，它是对你自身能力的最基本的肯定。

还记得曾在一家企业的墙上看到过这样一幅标语："今天工作不努力，明天努力找工作"，初看时觉得这句话非常残忍，但是深想一下，却觉得这是一句金玉良言。这句话更深刻的意义在于：我们每一天的平淡工作，就像一颗颗毫不起眼的石头，我们必须付出满腔热情、全力以赴，而不是尽力而为；我们要在工作中学习，在学习中进步。某一天，当机会来临的时候，我们一天天收藏起来的石头就会变成一颗颗耀眼的钻石，为我们带来无穷无尽的财富。

相信很多人都经历过穿梭在各大招聘会现场，"海投"简历却回音寥寥的情况，那么，此刻对于拥有一份工作的你来说，是不是感到自己很幸运呢？虽然有很多竞争者，但你拥有了这份工作，所以，你要懂得好好珍惜，不要轻易失去它。

要珍惜你的工作。也许你曾经是在工作上敷衍了事的人，如果你不再想频繁地更换工作，那么你唯一的出路就是踏踏实实地干好本职工作，并且争取干出一点成绩来。不管在什么单位，业绩都是你生存的基本硬件，同时也是让你赢得尊严，赢得信任的必要条件。如果你的业绩因为你的敷衍而一塌糊涂，那么也许你现在还没有失业，但是请不要忘了，老板不会永远养着一个闲人。为什么？请换位思考，如果你是老板，你愿意这样做吗？

现实的情况就是如此，即便你是企业主，在这个社会的大环境中，如果你不珍惜自己的工作，结局就是你必须重新去努力找一份工作。

如果你即将被工作抛弃，而你又特别想拥有这份工作，怎么办呢？你必须要清楚，不是人人都有一份工作，很多人已经把手伸到你的岗位上去了，稍有疏忽，你可能就将失去它。现在，许多地方遵循"赛场选马"的用人法则，实行竞聘上岗，优胜劣汰。有胜就有败，那么，什么样的人容易被淘汰呢？那种这山望着那山高，总想换到舒服的、有高薪的岗位，本职工作还没做好就急着找关系走后门，以达到自己目的的人将会第一个被淘汰。珍惜岗位是一种责任、一种承诺、一种精神、一种义务。只有珍惜岗位，才能爱岗敬业，尽心尽力地工作，尊重自己所从事的工作，才能精通业务，才能不被淘汰。

托尔斯泰曾经说过这样一句话，当幸福在我们手中的时候，我们并没有感到幸福的存在；只有幸福离我们而去，我们才知道它的珍贵。也许由于懈惰，你得过且过，最后当失去工作的时候，你才追悔莫及。

必须要懂得，工作是一种幸福，我们必须珍惜它。固然，我们会在工作中遇到各种各样的挫折和压力，我们也有气馁的时候，也有感到厌倦的时候，但是，这些都是我们应该面对的，相比工作带来的幸福，这些压力又算什么呢。要知道，每一份工作都不是简单的，一张报纸一杯茶混一天的时代早已过去。面对工作中的各种压力，只能调整自己的心态，用一种积极的态度，尽心尽力地去学习和工作。

不管你就业于哪个部门，身处哪个职位，都必须认识到，工作岗位不是为某一个特定的人而设置的，它是为那些具备了一定才能而且愿意工作的人而设置的。非常遗憾的是，很多人工作时不努力，总是在失业后才恍然大悟，在找工作的艰难中才想到自己以前应该好好工作，但是，为时已晚。更可悲的是，有些人不认为是自己错了，更多的是去责怪企业和领导。

我们要有忧患意识和危机意识，好好珍惜自己现在拥有的工作，在工作岗位上精心谋事、潜心干事、专心做事，把心思集中在工作上，把本领用在工作上。

重视自己的工作，用心解决问题

那些时刻尽心尽责，将自己当作企业的主人，为自己工作的员工，会收获事业的成功与生活的富足；而那些有着"为老板工作"这种思维方式的员工，他们最终所得到的却仅仅是一份微薄的薪水、一个赖以生存的手段而已。我们需要改变自己，让自己主动地、尽心尽力地去工作，把工作做好，这也是实现自我、成就卓越的必经之路。

人生活在世界上，当然离不开钱。我们人人都需要工作，但工作不能只为了薪水，这就像人活着不能只为了钱一样。

"无论在什么地方工作，你都不应把自己只当作公司的一名员工——而应该把自己当成公司的老板。"这是英特尔公司前董事长安德鲁·格鲁夫的肺腑之言。

在我们身边，不少员工是抱着为老板做事的心态，认为"你出钱，我出力""我拿了钱做好自己分内的工作就行了"。这样的想法极其狭隘。我们在企业里不仅仅是为老板工作，同时也是为自己工作，因为我们不仅要从工作中获得报酬，还要从工作中学到更多的经验，而这些经验会让我们一生受用。

是的，我们是在为自己工作。不是因为薪水，也不是因为老板"要我做"，而是"我要做"。人生因工作而美丽，因工作而朝气蓬勃，因工作而有意义，因工作而无怨无悔。我们的成就感与幸福感，很大程度上都来自工作。

齐瓦勃出生在美国的一个普通的小乡村，只受过短暂的学校教育。18岁那年，一贫如洗的齐瓦勃来到钢铁大王卡内基所属的一个建筑工地打工。一踏进建筑工地，齐瓦勃就表现出了高度的自我规划和自我管理的能力。当其他人都在抱怨工作辛苦、薪水低并因此而怠工的时候，齐瓦勃却一丝不苟地工作着，并且为以后的发展而开始自学建筑知识。

在一次工作间的空闲时间里，同伴们都在闲聊，唯独齐瓦勃安静地看着书。那天恰巧公司经理到工地检查工作，经理看了看齐瓦勃手中的书，又翻了翻他的笔记本，什么也没说就走了。

第二天，公司经理把齐瓦勃叫到办公室，问："你学那些东西干什么？"

齐瓦勃说："我想，我们公司并不缺少建筑工人，缺少的是既有工作经验又有专业知识的技术人员或管理者，对吗？"

经理点了点头。

不久，齐瓦勃就被升任为现场施工员。同事中有些人讽刺挖苦他，齐瓦勃回答说："我不光是在为老板工作，更不单纯是为了赚钱，我是在为自己的梦想工作，为自己的远大前途工作。我们只能在认认真真的工作中不断提升自己。我要使自己工作所产生的价值，远远超过所得的薪水，只有这样我才能得到重用，才能获得发展的机遇。"

抱着这样的信念，齐瓦勃一步步升到了总工程师的职位上。25岁那年，齐瓦勃做了这家建筑公司的总经理。后来，齐瓦勃开始了创业，建立了自己的企业——伯利恒钢铁公司。这家公司后来成为全美排名第三的大型钢铁公司。

像齐瓦勃这种为自己工作的人，不需要别人督促，他们自己监督自己；他们不会懒惰、不会报怨、不会消极、不会怀疑、不会马马虎虎、不会推诿塞责、不会投机取巧……。他们不仅在工作中锻炼与提高了自己的能力，还积累与建立了自己良好的信誉。这些东西是他们最宝贵的资产，是他们美好前途不可或缺的基石。

一家企业要想生存和发展，就必须有一些主动和负责的员工。可遗憾的是，这样的员工在企业中却并不多见，很多人都在不停地为自己找借口，比如"不是我不愿意主动些，而是我缺少机会"等。然而，工作中真的缺少机会吗？当然不是，尤其在当今这个时代，我们从来不缺少机会。而有的人却仍然说自己没有机会，为什么呢？因为这些人一直在守株待兔，总是期待着机会自己找上门来。他们完全没有意识到，机会再多也要靠自己去主动争取，如果总是被动等待，那最后自然什么也得不到。

在日本，有人应聘了一份工作。老板要求他一个人在厨房里，把每个盘子刷八遍。老板给的薪水不低，这个人很高兴，他认真地把每一个盘子刷了八遍，老板对他的工作也很满意。

有一天，他似乎明白了一件事情："我给他打工，这个饭馆不是我的，他又看不见我干活儿，我怎么那么傻？我干吗非要把盘子刷八遍？我觉得盘子刷四遍也挺干净的，干脆减一半的工序，还拿原来的薪水，这不等于拿了两倍的薪水吗？"

于是，他自作聪明地减少一半的工序，把每一个盘子刷了四遍。老板没有发现，继续发给他原来的薪水，这个人更得意了。

有一天，他又想："我干吗要刷四遍盘子？刷两遍不也行吗？我们家的盘子刷两遍也挺干净的，再减一半的工序，还拿原来的薪水，这不等于四倍的收入了吗？"于是，他将刷盘子的次数减为两遍。

这一次，盘子有些不干净，老板发现了，一检查，原来是他偷偷地减了工序。

于是，老板把这个人开除了，同时通知他所有的同行朋友："这个人是不能被雇用的，因为他不诚实。"

他以为糊弄的是老板，其实，老板离开他，饭馆的生意照样兴旺，而他却可能因此找不到工作了。也许你会说："难道饭馆老板会通知所有的老板吗？天下所有的老板都能被通知到吗？"

好，就算有的老板没有被通知到，而雇用了他。那么，如果那个人还是这种工作态度的话，最终也还会因为偷懒而被开除，因为他有一种观念："我是给别人打工，能糊弄就糊弄。"

要知道，天下所有的老板都是希望自己的员工干得好，再给高薪。有哪位老板希望员工干得少，还给高薪？又有哪位老板喜欢偷懒的员工呢？

所以，哪怕我们做的工作不是什么了不起的大事情，我们也要尽心尽力地去工作，主动解决问题。或许我们做的是些微不足道的小事，但是就是这些微不足道的小事，让我们不断地学习，不断地锻炼自己，获得本不属于我们的额外机会，让我们做出优异的成绩，赢在起跑线上。

我们身边有很多人天生就是乖孩子，领导安排什么事情就做什么事情，虽然能够完成任务，将事情做好，但总让人觉得缺少什么。到底缺少什么呢？不是别的，正是积极主动的工作态度。当我们积极主动地去工作，以一种主人翁的心态去面对工作中的问题时，我们会发现一切都将变得不一样，自己每天都在飞快地进步。只要我们养成积极思考，主动工作的习惯，就能将工作做好，取得事业上的成功。

企业需要积极主动的员工，企业厌恶消极懒散的员工，因为积极主动的员工能够给企业的发展注入活力，而消极的员工只会拖住企业前进的脚步。在企业遇到困难的时候，只有积极主动的人才能与企业同甘共苦，只有他们才会努力地去思考解决问题的办法，奋斗在最艰苦的一线。个人的付出多少他们从不计较，企业的发展才是他们最为关心的。因为，他们知道，他们是在为自己工作！

 ## 主动解决问题，而不是被动应付工作

我们在工作中，一定要拒绝浮躁的工作态度，不管做什么事情，我们都要积极主动、谨慎、细致、踏实、沉得住气，只有这样，我们才能得到老板的重用和赏识，才能在职场上平步青云。

凡是成大事者，都力戒"浮躁"二字。只有踏踏实实行动才可能开创成功的人生局面。浮躁会使你失去清醒的头脑，在你奋斗的过程中，浮躁占据着你的思维，使你不能正确制定方针、策略而稳步前进。所以，任何一位试图成大事的人都要扼制住浮躁的心态，只有专心做事，才能达到自己的目标。

我们做任何事情都不能太着急，尤其是工作中比较重要的事情，我们更是要谨慎、沉稳地对待。我们都知道，成功的人往往是那些沉得住气的人，他们做事情总是有条有理，不会出现大的纰漏。相反，一个人如果心浮气躁、急功近利，那这种浮躁的工作态度肯定会让他的工作变得异常艰难。

　　所以，我们在工作中一定要沉得住气，努力做一个不浮躁的人。要知道，沉得住气不仅是一种崇高的工作境界，同时还是一个人品质的体现。在日常工作中，那些做事心浮气躁的人，通常都有点好高骛远的毛病，他们在人生道路上总会遇到各种挫折和困难。而对于那些一心一意、脚踏实地工作的人来说，他们工作认真努力，在经过一段时间的磨炼后，往往就会成为出类拔萃的人。

　　古代有个叫养由基的人精于射箭，而且有百步穿杨的本领。据说连动物都知晓他的本领。一次，两只猴子抱着柱子，爬上爬下，玩得很开心。楚王张弓搭箭要去射它们，猴子毫不慌张，还对人做鬼脸，仍旧蹦跳自如。这时，养由基走过来，接过了楚王的弓箭，于是，猴子便哭叫着抱在一块，害怕得发起抖来。

　　有一个人很仰慕养由基的射术，决心要拜他为师，经过三番两次的请求，养由基终于同意了。收他为徒后，养由基交给他一根很细的针，要他放在离眼睛几尺远的地方，整天盯着看针眼。看了两三天，这个学生有点疑惑，问养由基说："我是来学射箭的，老师为什么要我干这莫名其妙的事情，什么时候教我学射术呀？"养由基说："这就是在学射术，你继续看吧。"这个学生开始还好，能继续下去，可过了几天，他便有些烦了。他心想，我是来学射术的，看针眼能看出什么来呢？这个老师不会是在敷衍我吧？

养由基教他练臂力的办法，让他一天到晚在掌上平端一块石头，伸直手臂。这样做很苦，那个徒弟又想不通了，他想，我只学他的射术，他让我端这石头做什么？于是很不服气，不愿再练。养由基看他不行，就由他去了。后来这个人又跟别的老师学，最终也没有学到射术，白走了很多地方。

其实，如果他能脚踏实地，不好高骛远，甘于从一点一滴做起，他的射术肯定会有很大的进步。一个人有理想、有目标固然是好事，然而太想成功，做事又太过浮躁，就会让事情走向反方向。就拿那个学射箭的人来说吧，他之所以错失成功的机会，完全是因为他的态度过于浮躁，做事不够踏实。如果他能朝着自己选择的方向沉稳前进，一步一个脚印，踏实一点，务实一点，那么只要他坚持下去，就能有所成就。然而，遗憾的是，他太过心浮气躁，太着急了，所以最后等待他的只能是失败。

在如今的职场上，随处可以听到激励人心的口号，很多人在听到这些口号后，很容易做出冲动冒进的事情来，在工作中横冲直撞，最后非但没有成功，反而死死地切断了自己的退路。而且，等到我们回过头来看时，就会发现，那些原本没有自己成功的同学、朋友、同事，都已经有了非常好的工作，生活十分安定和富足。所以说，心浮气躁、急功近利是工作的大忌。

总之，不管我们从事什么样的工作，一定要学会拒绝浮躁的工作态度，做事务必追求踏实和沉稳，千万不能急于求成。要知道，浮躁只会让我们的心境大乱，只会蒙蔽我们理智的双眼。而对于一个失去理智的人来说，即便他再聪明，也很容易在工作中做出错误的事情来。

当然，一个人想干出一番事业这并没有错，但千万不可太着急，太浮躁。假如我们可以静下心来，对自己的工作重新进行认识，让自己明白工作的重要性，那么，我们就能避免出错，从而获得成功。

平凡的员工，只会安于现状，不懂得主动进取。如果我们没有一颗想要进步的心，那就永远都只是一个平凡的打工者。优秀的员工则刚好相反，他们不会安于现状，会让自己远离安逸，从而更好地完成工作。他们会主动工作，不去想报酬，也不会去管别人的目光，只关心着自己工作的进展，尽心尽力地努力将工作做到更好。

懒惰的人会觉得自己身体疲惫不堪，做事情懒懒散散，而且会去逃避自己应该做的工作。这种做法显然是不可取的。不论如何，一个人想要做好工作，就必须摆脱这种懒散被动的状态，时刻让自己的头脑保持清醒，让自己的身心处于一个最佳状态。只有这样，我们才能全身心地投入到自己应该完成的工作中去，最后做出成绩。

我们需要养成积极主动的工作习惯，做事绝对不能拖拖拉拉，消极被动。要知道，我们不是在为老板工作，而是在为自己工作，如果我们养成了做事被动消极的坏习惯，那只会降低工作效率，最后使得工作无法正常完成。

大学时读经济管理专业的紫彤来公司已经半年了，她是普通的秘书，实际上更类似于一个打杂的。紫彤每天面对的是形形色色的报表，而她只需要把这一摞报表复印、装订成册即可。在其他同事忙得不可开交时，她会去凑个手。

紫彤面对这样凌乱而且不太可能有发展机会的工作，并没有得过且过，反而更加积极主动地工作。

在复印并装订报表的时候，她先仔细地过目各种报表的填写方法，逐步地用经济学的方法分析部门的开销，并结合部门的一些正在实施的项目，揣度部门的管理情况。工作到第八个月的时候，紫彤书面汇报了部门内部一些不合理的经济策略，并提出相应的整改意见。现在的她，已经被提升为副科长了。

有着勤奋务实的精神和积极主动品格的员工，正是老板所需要的人。他们往往也能够从工作中得到更多提升个人价值的机会。每个人都希望自己可以在职场上升职又加薪，每个人都希望自己可以获得一个好的发展空间和平台。而要想实现这些美梦，我们就必须踏实工作，不浮躁，不急于求成，积极主动，等到有一天，我们会惊讶地发现，当初的那些努力在慢慢地回报我们，帮助我们实现自己的人生目标，甚至是成就我们的辉煌事业。

带着工作热情去解决问题

全力投入工作需要你满怀热忱。没有对工作的热忱，就无法全身心投入工作，就无法坚持到底，对成功也就少了一份执着；有了对工作的热忱，在执行中就不会斤斤计较，不会吝于奉献，不会缺乏创造力。去热爱自己的工作，用满腔热忱努力工作，尽力做到最好！

爱默生说："缺乏热忱，难以成大事。"热忱是一把火，它可燃烧起成功的希望。热爱本职工作，尽职尽责地做好属于自己的工作，这样的员工无论在哪一个岗位上，都能够兢兢业业、任劳任怨地发挥自己的智慧和才干。

热爱工作，就是一个人保持自发性，就是把自己的每一个神经都调动起来，去完成自己内心期望实现的目标。热爱工作是一种强有力的工作态度，一种对人、事、物和信念的强烈感受。

热爱本职工作是每个企业对员工的基本要求，也是员工尽职尽责的前提，更是企业最需要的员工的基本素质。即使有一个很好的工作环境，如果总是一成不变的话，任何工作都会变得枯燥乏味。许多在大企业工作的员工，拥有渊博的知识，受过专业的训练，有一份令人羡慕的工作，拿一份不菲的薪水，但是他们中的很多人对工作并不热爱，视工作如紧箍咒，仅仅是为了生存而工作。因此，他们的精神，总是紧张、烦躁，工作对他们来说也毫无乐趣可言。

一份工作是否有趣，取决于你的看法。对于工作，我们可以做好，也可以做坏；可以高高兴兴、骄傲地做，也可以愁眉苦脸、厌恶地做。如何去做，这完全在于自己。既然是这样，我们在对待工作时，何不让自己注入活力与热情呢？

一个人适合干什么工作，不是由社会潮流和个人主观愿望来决定的，而是取决于个人的特长、爱好、性格等因素。有句话说："工作着是美好的。"如果你做的是"天生喜欢"的事，你可以很容易地在工作中发现乐趣。如果你做的是单调枯燥的事，那你就很可能在心理上和情绪上受到挫折。那些成功的人，总是利用两个法宝——毅力和热忱。毅力使你忍耐工作的枯燥，把每件事都看成是通向成功目标的踏脚石；热忱可以使你改变情绪，从工作中发现乐趣，这就是如何把单调的工作变成自己喜欢做的事的技巧。

设想你每天工作的八小时，都在快乐地游玩，这肯定是一件十分惬意的事情，那么，你将会把工作变成一种乐趣去享受，你也能快速发现属于自己的位置，并获得巨大的发展。

热忱对任何人都能产生这么惊人的效果，对你我也应该有同样的功效。一个人如果想成功，他必须把自己全部的热忱都投入进去，热爱你的工作，并努力做到最好。正是热忱，在科学、艺术和商业领域造就了无数的奇迹。对个人而言，成功与失败的分界线往往在于：有所成就的人凭着热忱全身心地投入，而另一些人却没有这么做。

只有在工作中追求完美，我们才能顺利实现自我人生的价值。但是有的人却认为工作做到差不多就可以了，没必要努力去做到最好，多付出也不一定能够得到额外的报酬。然而，他们不知道的是，如果一直以尝试的态度去做事，那人生就只有尝试，不会有好的成绩。

热情是一种能量，能使人有资本解决艰难的问题。热情是一种推进剂，推动着人们不断前行。热情具有一种带动力，洋溢在外表、闪亮于声音、展现于行动，影响和带动周围更多的人投身于工作之中。热情并不是与自己无关的东西，也不是看不见摸不着的东西，它是一个人生存和发展的关键。有了热情，我们才能更加用心地去工作。

成为工作领域的专家

对"专业"一词，通俗的理解就是胜任工作的能力。一个员工只有掌握了熟练的技能，才能在同样的岗位上比一般人更优秀，甚至被称为专家，才可以说是精通专业。没有一个老板不希望自己的下属完全胜任岗位素质的要求。人在职场，如果有一技之长，就是专业人才。专业可以说是所有岗位、所有职业中最具说服力、最受青睐的职业素质之一。这是一个人胜任所在岗位并比其他人更加优秀的必要和充分条件。一个人的专业化程度可以说是能力大小的体现，是可以靠天赋、靠积累、靠实践、靠学习来实现的，除天赋是与生俱来的以外，其他三项都是后天形成的。因此，一个人只有持续努力，不断挑战自我，时刻寻求突破，才可以向更专业的程度迈进。

职场中需要专业精神。所谓专业精神，就是在专业技能的基础上发展起来的一种对工作极其钟爱和全力以赴投入的奋斗精神，只有奋斗精神才能让人成为工作领域的专家。

兵马俑刚刚出土的时候，两千多年的历史积尘已经把它们压成碎片。

如何让这个碎片化的历史文化奇迹完整挺立起来，当时全世界也没有人曾经面对过这么大的难题。兵马俑军阵的原型是一个天下无敌的农夫军团，拓开了秦帝国的万里版图。同时代的工匠以雕塑形式凝定了他们的雄姿。后世的工匠们能够让久已"粉身碎骨"的兵马俑恢复原身吗？

马宇成为最早接触这项工作的群体成员之一。兵马俑深埋两千多年，大部分陶片和地下环境已经形成了稳定的平衡关系，突然出土，使它们所处环境发生了巨大改变。为了避免环境变化对文物造成二次损害，一号坑保留了原始的自然环境，大量修复工作都是在现场进行。

每到夏季来临，覆盖着大棚的兵马俑坑就成了"大蒸笼"，坑内的温度往往达到 40 摄氏度以上。工作过程就是一直在用热汗洗头洗脸；衣服湿了又干，干了再湿。这时，汗水是聚合兵马俑碎片的第一黏合剂。

由于年代久远，兵马俑陶片表面非常脆弱，修复人员用刮刀清理的时候，既要刮净泥土，又要保证文物的完好，走刀的分寸拿捏极为较劲。为了练就这项技艺，马宇在修复兵马俑之前，花了两年时间，在仿制的陶片上用手术刀不停地磨炼手感，走了上千万刀，才把握住毫厘之间的分寸。

在碎片堆里拼接兵马俑的过程中，只要有一块陶片位置出现错误，整个拼接过程就必须重来。拼接难度最大的是那些体积小、图案较少的陶片，为了一块陶片，马宇有时需要琢磨十多天，反复预演数十次，甚至上百次。正因为这样，一件兵马俑的修复才往往需要耗时一年，甚至更久。

马宇参与了近二十年来秦始皇兵马俑修复工作的各个阶段，兵马俑的第一件戟、第一件石铠甲、第一件水禽都是马宇修复的。修复工作者用自己的人生时光作为黏合剂，把破碎的历史拼接成型，当威武列队的兵马俑军阵为全世界所敬仰的时候，马宇和同事们真切体会到了奋斗的价值。

一个人对待工作如果有了高度的奋斗精神，即使不是专业人士，也能发挥出超常的能力，实现超越前人的壮举。

　　美国亚特兰大市因为曾经举办过1996年奥运会而闻名于世，然而，这个城市在举办1996年奥运会之前不过是美国一个很少有人知晓的城市。但是这个难以想象的结果最终还是出现了。这要归功于比利·佩恩的奋斗精神。

　　当比利·佩恩最初在1987年产生申办奥运的想法时，就连他的朋友都怀疑他是否丧失了理智。但是他相信自己的行动，他坚信最终的结果只有在行动之后才会出现，而在这之前的一切说法都不过是臆测。于是，他放弃了律师合伙人的职位，全身心地投入到这项活动中来。他开始四处奔走，并以最大的努力获得了市长的大力支持，组成了一个合作小组，然后用极大的激情说服了众多大公司向他们的小组投入了资金，并且在世界各地巡回演讲寻求支持。他们每到一个地方就组织一个"亚特兰大房舍"，邀请国际奥委会的代表共进晚餐，以增进代表们对亚特兰大的了解。最终，1990年9月18日，比利·佩恩和他的同伴们的努力与行动赢得了回报，国际奥委会打破传统做法和惯例，将1996年奥运会的主办权交给了第一次提出申请的美国城市亚特兰大！

　　比利·佩恩曾经这么说过："我一直都有这样的观点，我不喜欢消极的人，我们不需要有人经常提醒我们成功的可能性不大；我们需要那些积极向我们提供策略和解决问题方法的人。

　　做任何事都要有奋斗精神，任何一个工作不是只有专业人士才能做好，我们最终实际上是靠我们自己来做事，不论成败，我们要有意识地做出决定，并从中学习到经验或教训。我相信，只要用无与伦比的奋斗精神去做事，就能成为一个陌生领域的专家。"

比利·佩恩和他的团队之所以取得这样的成功，是因为他们明白这样一个道理，凡事不能抱着不愿奋斗的消极的态度去面对，无论是怎么样的结果都只有在真正行动之后才会出现，这是对待一件事应有的奋斗，也是我们任何人，特别是一个公司的员工在面对自己从来没有做过的工作时应该牢牢记住的原则。只有这样，我们才真正有勇气去面对一切困难，从而战胜它们。

但大多数情况下，人们总是习惯于趋利避害，他们会对那些容易解决的事情负责，而把有难度的事情推给别人，这种思维常常会导致失败。我们都知道，如今的社会是一个讲求专业的社会，没有哪个企业能在毫无竞争优势的境况中取得发展。同样，一个人必然要成为自己工作领域的专家才会在工作站稳脚跟，不至于失去优势。不努力、没有专长的人无论在怎样的一个企业要想立足都很难，唯一的办法就是珍惜自己现在所拥有的工作，不断努力学习，不断提高自己的技能，用心、用智慧为自己的前途积累资本，拓展自己的未来之路。

第二章

面对问题的态度
决定你解决问题的速度

以老板的心态对待工作

　　责任是一个人品格和能力的承载，是一个人走向成功必不可少的素质。在日常生活、工作中，有这样一类人，他们头脑聪明属于"聪明人"一类，但却工作平平，甚至常出纰漏，究其原因，大家的共同看法是，此人缺乏责任心。相反，另一类人并无过人之处，但做事却有着明确的目标，认真做事，诚实做人，与其共事的人也很信赖他。他们就是对人、对事、对工作有强烈责任感的人。

　　责任就是对自己要去做的事情有一种爱。责任是一切良好美德的表现和基础。有责任的人值得依赖，没有责任的人连一份普通的工作也很难得到，即使他有非凡的能力。责任心是做好一切事情的根基，责任心是成就自我的重要因素。

　　责任心是做一切工作的基础，当你开始对自己的工作负责的时候，生活也会发生翻天覆地的变化。那些勤奋、负责的员工往往会在工作中受益匪浅：在精神上，他们获得了愉悦和享受；在物质上，他们也获得了丰厚的报酬。相反，一个对工作敷衍塞责的人，往往是一个对工作毫无兴趣的人。

将工作推给他人时，实际上也将自己获得快乐和信心的大好机会拱手送给了他人。

.每一名员工都应该尝试热爱自己的工作，即使这份工作不太尽如人意，也要竭尽所能去转变、去热爱它，并凭借这种热爱去担负起责任、激发潜力、塑造自我。事实上，一名员工对自己的工作越热爱，工作越负责，工作效率就越高。这时你会发现工作不再是一件苦差事，而是变成了一种乐趣。要想掌控你的工作，就要有强烈的责任心。

责任感是成就事业的根基，也是评价一个员工是否优秀的重要标准。一个没有责任感的人，失去了社会对他的认可，失去了周围人对他的尊重和信任，失去了锻炼自己的机会，失去了成为一名优秀员工的条件。而一个有责任的人，能够得到领导的欣赏，能够得到别人的信任。

职场是最看重效果的地方，即使你再有能力，如果不够认真负责，也不可能创造出真正的价值，终将会被社会淘汰。

TNT 快递是世界上最大最安全的快递之一，而成就这个神话的公司一直教育员工要有这样的理念：每一个顾客的包裹都很珍贵，不允许有一丁点儿有辱使命的失误。

TNT 北亚区董事总经理迈克·德瑞克对这一理念做了最好的贯彻。

迈克起初只是 TNT 的一名普通业务员。在工作中，迈克总是积极主动做事，对工作负责，所以他的业绩很好。过了一段时间，迈克已经从销售员升职到大区销售经理。在迈克·德瑞克看来，世界领先的客户服务是实现公司快速增长的关键，这些带来成功的要素包括：可靠、有价值、持之以恒，还有负责到底。迈克·德瑞克多次强调："我们有信心提供给客户最好的服务。"

至今，迈克仍坚持每个星期都会跑到不同的城市去和一线的员工交流，听取他们的意见，主动解决问题。他知道自己作为公司在亚洲区域的负责人，有责任为公司创造出更多的价值和利润，因此，他在任何事情上都用了 100% 的努力。

　　责任感可以是主动的，也可以是被动的。如果把责任感当作是被动的，时间长了我们就会觉得这是别人强加给自己的负担。然而，如果把责任感当作是主动的，我们就会主动积极地投入到工作中，勇敢地挑战自己。对于一个真正负责的人，他从内心想把一件事做好，即使在没有任何要求或命令他要去做的情况下，他也会积极主动去做。正如美国总统林肯所说，"人所能负的责任，我必能负；人所不能负的责任，我亦能负。"只有这样，你才能磨炼自己，求得更高的知识而进入更高的境界。

　　我们一定要谨记，责任感是我们做任何事情的基础。在工作当中，如果我们缺乏责任感的话，那么最后只能成为一个一事无成、浑浑噩噩的人。因此，我们需要培养自己的责任感，并让它成为我们工作当中的最佳伙伴。

　　拥有责任感是事业成功的基本条件。而"责任"就是知道你的职责所在，并努力完成它。因此，责任感能够帮助我们建立起一个个目标，有了目标我们就能清晰地知道自己在做什么，做到什么程度；有了责任，才能够不懈地努力坚持下去，并最终帮助我们在团队中实现自己的价值。

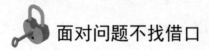 面对问题不找借口

责任，是工作的使命，是敢于担当的勇气，是责无旁贷的义务。责任既是一种严格自律，也是一种社会他律，是一切追求成功和进步的人们基于自己的良知、信念、觉悟，自觉自愿履行的一种行为和担当。

一个人生活和事业的发展都离不开责任的推动。在工作当中，有些人过度地强调能力的重要性，认为人必须要有能力完成自己的工作才能取得成功，把责任放在一个次要的位置上面。殊不知，对责任的忽视往往会影响一个人事业的长远发展。事实上，只有能力与责任共有的人，才是企业真正需要的人才。责任对个人及企业的重要影响难以估计，要真正把负责精神贯彻于整个工作和行动之中，让负责任成为人们的工作习惯，从而把握成功的先机。

1920 年的一天，美国一个 12 岁的小男孩正与他的伙伴们玩足球，一不小心，小男孩将足球踢到了邻近一户人家的窗户上，一块窗玻璃被击碎了。一位老人立即从屋里出来，勃然大怒，大声责问是谁干的。伙伴们纷纷逃跑了，小男孩却走到老人跟前，低着头向老人认错，并请求老人宽恕。

然而，老人却十分固执，小男孩委屈地哭了。最后，老人同意小男孩回家拿钱赔偿。

回到家，闯了祸的小男孩怯生生地将事情的经过告诉了父亲。父亲并没有因为其年龄还小而开恩，而是板着脸沉思着一言不发。坐在一旁的母亲为儿子说情，开导着父亲。过了不知多久，父亲才冷冰冰地说道："家里虽然有钱，但是他闯的祸，就应该由他自己对过失行为负责。"停了一下，父亲还是掏出了钱，严肃地对小男孩说："这15美元我暂时借给你赔人家，不过，你必须想办法还给我。"小男孩从父亲手中接过钱，飞快跑过去赔给了老人。

从此，小男孩一边刻苦读书，一边用空闲时间打工挣钱还父亲。由于他人小，不能干重活，他就到餐馆帮人洗盘子刷碗，有时还捡捡破烂儿。经过几个月的努力，他终于挣到了15美元，并自豪地交给了他的父亲。父亲欣然拍着他的肩膀说："一个能为自己的过失行为负责的人，将来一定会有出息的。"许多年以后，这位男孩成为美国的总统，他就是里根。

后来，里根在回忆往事时，深有感触地说："那一次闯祸之后，我懂得了做人的责任。"

在任何一家企业，只要你勤奋工作，认真、负责地坚守自己的工作岗位，你就肯定会受到尊重，从而获得更多的自尊心和自信心。不论一开始情况有多么糟糕，只要你能恪尽职守，毫不吝惜地投入自己的精力和热情，渐渐地，你会为自己的工作感到骄傲和自豪，也必然会赢得他人的好感和认可。以主人翁和责任者的心态去对待工作，工作自然就能够做得精益求精。

如果想要在事业上有更多收获，取得更大的成功，那就去做一个负责任的人。伟大并不是来源于惊天动地的辉煌，它可能只是最初的一个小小的愿望，这个愿望是想要对社会做一点点事，是要承担一点小小的责任。就是这样"小"的一个出发点，最后却能让人越走越远，收获越来越多。这是因为一个责任感越强的人，收获的也就越多，拥有的机会也就越多，因此，也越容易成功。

杨绛先生百岁诞辰之际，中央电视台《读书时间》专门做了一期专题节目。现场嘉宾一共两位，三联书店的总编辑李昕是其中一位。节目中，李昕谈到了杨绛夫妇的精神境界和高风亮节，他们三十多年不换房，不装修，不买家具，但是他们捐出两人全部的版税超过 1000 万元，在清华大学设立了一个"好读书基金会"，扶助贫困学生。

节目播出后，帮杨绛先生料理版权的友人吴学昭，特意给李昕打来电话："你们这期节目做得不错，杨先生看了很高兴。但她发现你有个地方讲错了。"李昕听了心里一惊，忙问："什么地方？"吴学昭回答说："杨绛夫妇在清华大学设立的是'好读书奖学金'，但是被你说成'好读书基金会'了。她说，设立奖学金比较简单，但建立基金会就不同了。那是得按国家有关规定成立的非营利性法人，需有规范的章程，有组织机构和开展活动的专职工作人员，还要申报民政部门批准，才可向公众募捐。这两个概念不能混淆。所以杨先生让我告诉你，今后若是再提到此事，一定要把说法改过来，不要一错再错，造成别人以讹传讹。"李昕听了，深感惭愧，请吴学昭代自己向杨先生道歉。

虽然只是个小错误，但杨绛先生的严谨和认真，令人受教。杨绛先生之所以令人敬仰和钦佩，正是得益于她这种一丝不苟的治学态度，这既是对自己负责，也是对他人负责。

每个人在工作中都希望能够不停地升职，不停地增加薪水，可事实上并不是所有人都能如愿以偿。有些人在工作中能够如鱼得水，独当一面；而有些人却在工作中平平淡淡，碌碌无为。到底怎样才能在工作中收获更多？相信每个身在职场的人和将要步入职场的人都想知道答案。

通过对职场现状的研究，我们不难发现，那些有责任感，有使命感，愿意付出，积极承担责任，有问题不推脱，有困难不逃避的人总能在工作中收获成功。简而言之，对工作负责才能取得好的业绩。遗憾的是，并不是每个人都能深刻理解这个道理，因为责任贯穿在工作的方方面面。做到对工作负责远比用嘴巴说说自己愿意负责难得多。行胜于言，在工作中，尽力去做一个负责的员工，对自己的工作负责，让老板赏识，让机会降临，你会在工作中收获更多，成功也会变得越来越容易。

不要将自己该做的事推向他人，不要将今天该做的事推向明天，越逃避越失败，越失败的人越习惯逃避。因为很多时候，并不是我们选择成功，而是我们做了我们该做的事，承担了属于我们的责任，成功才来得水到渠成。

责任越大，机会越多。谁承担了最大的责任，谁就拥有最多的机会。工作没我们想的那么可怕，成功也没有我们想的那么难。只要愿意去付出并敢于承担责任，愿意为自己的工作努力，我们就能做出业绩，取得成功。

没有解决不了的问题，只有不负责的人

能力是一个人做好事件的条件，但责任感却是一个人成功的基石。有了基石，才能更好地做事，所以责任比能力更重要。当一个人听从内心中职责的召唤并付诸行动时，才会发挥出他自己最大的能量，也能更迅速、更容易地获得成功。一个没有责任心的人，不会花心思想如何将工作做到完美，因为他们只想尽快做完工作，更不会对自己提出任何高要求。

进取心是一种极为难得的美德，它能驱使一个人主动地去做应该做的事。一个有进取心的人，永远不会满足于现状，而只会坚持不懈地向着目标奋斗。

不难想象，人类如果没有进取心，社会就永远不会进步。正如鲁迅先生所说："不满是向上的车轮。"社会之所以能够不断地发展进步，一个重要的推动力量，就是我们拥有这只"向上的车轮"，即我们常说的进取心。积极进取，始于一种内心的状态，当我们渴望有所成就的时候，才会积极主动地冲破限制我们的种种束缚。

在这个世界上，没有一个成功人士是不求上进的。正因为他们从不满

足于当下的工作，所以他们总是不断地努力。为了拥有一个更大的舞台，为了成就一番骄人的事业，他们愿意倾尽所有，不断奋发向上。

拿破仑·希尔曾经聘用了一位年轻的小姐当助手，替他拆阅、分类及回复私人信件。当时，她听拿破仑·希尔口述，记录信的内容。她的薪水和其他从事相类似工作的人基本相同。

有一天，拿破仑·希尔口述了下面这句格言，并要求她用打字机把它打下来："记住：你唯一的限制就是你自己脑海中所设立的那个限制。"

当她把打好的纸张交还给拿破仑·希尔时，她说："你的格言使我有了一个想法，对你、对我都很有价值。"

其实，这件事并未在拿破仑·希尔脑中留下特别深刻的印象，但从那天起，拿破仑·希尔可以看得出来，这件事在她脑中留下了极为深刻的印象。她开始在用完晚餐后回到办公室来，开始做一些并不是她分内且没有报酬的工作。

她开始把写好的回信送到拿破仑·希尔的办公桌来。她已经研究过拿破仑·希尔的风格，因此，这些信回复得跟拿破仑·希尔自己所写的一样好，有时甚至更好。她一直保持着这个习惯，直到拿破仑·希尔的私人秘书辞职为止。

当拿破仑·希尔开始找人来补私人秘书留下的空缺时，他很自然地就想到了这位小姐。因为在拿破仑·希尔还未正式给她这项职位之前，她其实就已经主动地做了这个职位的工作。这位年轻小姐的办事效率太高了，因此，她引起了其他人的注意，别的地方开始提供很好的职位给她。拿破仑·希尔已经多次提高她的薪水，她的薪水现在已是她当初来拿破仑·希尔这儿当一名普通速记员薪水的四倍。她使自己变得对拿破仑·希尔极有价值，因此，拿破仑·希尔不能失去她这个帮手。

这位年轻小姐对待工作的积极进取，不仅让她成功拿下秘书的职位，薪水翻了好几倍，还让她成了一位抢手的员工，连老板拿破仑·希尔都担心她会另谋高就。

这个故事告诉我们一个道理：一个人越是不满足当下的工作，在工作上越是积极进取，他就越容易登上成功的巅峰。

所以，身为员工，我们对待工作一定要积极进取，不能总是被动地等待别人来告诉自己应该做什么，而是应该积极主动地去了解自己应该做什么、还能做什么、怎样才能做得更好，然后全力以赴地去完成。

强烈的责任感能激发一个人的潜能。无论你从事什么样的职业，只要你能认真地、勇敢地担负起责任，你所做的就是有价值的，你就会获得别人的尊重和敬意。只要你想、你愿意，你就会做得更好。

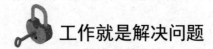

工作就是解决问题

通过观察那些在职场中获得成功的人，我们不难发现，这些人不论做什么事情，都是"身在其位，心谋其事"，认认真真把本职工作做到位，所以，他们往往能在平凡的岗位上做出不平凡的业绩，也正因为如此，他们总能在职场中获得成就梦想的机会。

只有忠实地对待自己的工作，忠诚地对待企业，充分地使自己发挥出应有的作用，才能巩固你现有的位置。在老板的眼中，永远不会有空缺的位置。如果你想与自己的位置保持一种长期性的关系，那么你就应"在其位，谋其事"，坚持把工作做到位。

每个职位，对企业的生死存亡都起着至关重要的作用。如果有哪位员工在其位而不能谋其事，那么其所在位置的运作就会出现问题。而当一个位置的价值得不到充分体现时，就会直接削弱整个企业的生命力。

在现实中，我们发现，有些员工"身在其位，心谋他政"，眼睛盯着更好的职位，慨叹自己空有一身才华却无处发挥，在抱怨中度日。这样的员工是不称职的，而且还会错过很多宝贵的发展机会。

在其位就要谋其事，这是一个人负责任的最好表现，说明你对自己所从事的工作有信心和热情。只要你认准了目标，有一份自己认同的工作，那么就要认真努力地去做。在努力工作的过程中，你会熟悉技艺，并锻炼出稳健、耐心的性格。同时，你踏实工作的作风，也会赢得同事的认同、老板的欣赏，这些反过来又会促进你工作的提升。

张洪是一家汽车公司的区域代理，他每年所卖出去的汽车比其他任何经销商都多。甚至销售量比第二位要多出两倍以上，在汽车销售商中，实属重量级人物。

当有人问及张洪成功的秘诀时，他坦言相告："有一件事许多人没能做到，而我做到了，那就是我建立了每一位客户的销售档案，我相信销售真正始于售后，并非在货物尚未出售之前。"

张洪每个月都会给客户寄一封不同格式、不同颜色信封的信（这样才不会像一封"垃圾信件"，在还没有被拆开之前，就给扔进垃圾桶），顾客们打开信看，信一开头就写着："祝你今天好心情，愿你天天好心情！"结尾写道："祝你天天快乐，张洪敬贺。"

顾客们都很喜欢这些卡片。张洪自豪地说："我给所有的顾客都建立了档案，我会根据他们的兴趣爱好的不同，分别给他们寄不同的卡片。而且，给同一客户寄的卡片中，也绝不会有雷同的卡片。"张洪通过这些细致的工作，赢得了良好的口碑和很多回头客，而且很多顾客还介绍自己的朋友来张洪这儿买车。

应当指出，张洪的这些做法绝不是什么虚情假意的噱头，而是一种爱心、一种责任感、一种高明的销售技巧的自然流露，更是把事做到位、做到细节上的具体体现。

张洪说："真正出色的餐馆，在厨房里就开始表现他们对顾客的关切和爱心了。当顾客提出问题和要求时，我会尽全力提供最佳服务。我必须像个医生一样，他的汽车出了毛病，我也为他感到难过，我会全力以赴地去帮他修理。我见到老顾客如同见到老朋友一样自然，我要了解他们，至少不会一无所知。但是如果没有档案的帮助，在重见他们时我肯定会像与陌生人头回见面一样，重复一些不必要的麻烦，心里的距离感也会拉大，这将极不利于我的销售工作。"

如果你正在为留住客户而感到有些力不从心，你是否也试着从一些细节入手呢？

虽然寄卡片是一件很小的事情，但它却给张洪带来了巨大的利益，不但使他成了销售的榜样，也让他特别开心。因为他带给了顾客温情，自己也感受到了快乐。有许多人往往不肯把事情做得全心全意、尽职尽责，只用"足够了""差不多了"来搪塞了事。结果因为他们没有把根基打牢，所以没多久，便像一所不坚固的房屋一样倒塌了。而成功的最好方法，就是做任何事都全心全意、尽职尽责。

做任何事都全心全意、尽职尽责，不但能够使你迅速进步，并且还将大大地影响你的性格、品行和自尊心。任何人如果要瞧得起自己，就非得秉持这种精神去做事不可。

全心全意、尽职尽责是追求成功的卓越表现，也是生命中的成功品牌。如果一个职业人士在工作中技术精湛、本领过硬、态度严谨，那么他必定能出类拔萃、脱颖而出。

美国独立企业联盟主席杰克·法里斯，13岁时在父母的加油站工作。法里斯想学修车，但父亲安排他在前台接待顾客。当有汽车开进来时，法里斯必须在车子停稳前就站到车门前，然后忙着去检查油量、蓄电池、传动带、胶皮管和水箱。法里斯注意到，如果自己干得好，大多数顾客还会再次光临。于是，法里斯总是会多干一些活，如帮助顾客擦去车身、挡风玻璃和车灯上的污渍。

有一段时间，一位老太太每周都开着车来清洗和打蜡，但车内地板凹陷极深，很难打扫。而且，这位老太太每次在法里斯为她把车准备好后，都要再细致地检查一遍，经常会让法里斯重新打扫，直到车内没有一缕棉绒和灰尘，她才满意地离开。终于，有一次，法里斯无法忍受了，他觉得这位老太太很难打交道，不愿意再为她服务。这时，他的父亲告诫他说："孩子，你要时刻牢记，这是你的工作！不管顾客说什么或做什么，你都要认真负责而且以应有的礼貌去对待顾客。"

父亲的话让法里斯受益匪浅，且对他的一生都影响深远。法里斯曾说："正是加油站的工作使我了解了严格的职业道德和应该如何对待顾客。这些东西在我之后的职业经历中起到了非常重要的作用。"

全心全意，尽职尽责。既然选择了这份工作职业，就应该接受它，努力地做好——这才是成为职场最可贵员工的必要条件之一。令人遗憾的是，有些员工总是被动地适应工作，工作上的事向来得过且过。他们固执地认为自己在其他领域或许更有优势，更有光明的前途，从而导致他们无法把全部的热情与精力投入到工作中。还有一部分员工盲目追求高薪酬和舒适的工作环境，蓦然回首，才发现自己在碌碌无为中虚度了年华。

而那些选择全心全意、尽职尽责工作的人，或者拥有了一技之长，或者拥有了丰富的管理经验，分别成为各个领域里的"专家"，企业里的"一把手"。试想，有哪个企业不喜欢这些在其位谋其事、勇于负责任的员工呢？所以，无论从事什么工作，只要已经着手了，就千万不要心猿意马，过度沉迷于那些不切实际的诱惑中。否则，今天消极怠工的代价，就是明天踏上寻找工作的征程，这代价未免太大了。

全心全意、尽职尽责地工作，把该做的工作做到位，并且精益求精。把以前有过的欠缺和空白补上，而且要比你的同行和前辈做得更多，要比自己和他们的预期做得更好，要使老板对你的表现赞叹不已。这样，你自然就会得到更多的回报。

行动的速度决定成就的大小

工作是人生的一部分，只要你立即着手积极行动，一件一件地完成眼前的任务，你就有可能比其他人更快地接近目标，攀上人生的顶峰。

在职场上，主动工作是一种特别的行动气质，也就是自己知道做有价值的事，避免被琐事干扰，不用别人催促，这对自己和工作都是一种负责的主动态度。心动不如行动，行动要靠主动。我们要想在工作上取得成就，就得主动工作，用行动收获一切。

其实，我们只要行动起来，威力同样会变得巨大无比，许多令人难以想象的障碍，也会被我们轻松突破，当然前提是行动起来。

亚历山大大帝在进军亚细亚之前，决定破解一个著名的预言。这个预言说的是，谁能够将朱庇特神庙的一串复杂的绳结打开，谁就能够成为亚细亚的帝王。

在亚历山大大帝破解这个预言之前，这个绳结已经难倒了许多国家的智者和国王。由于这个绳结的神秘性，导致了一个可怕的恶性循环，打不开绳结，会严重影响军队的士气，军队没有了士气，失败也将成为必然的事实。

亚历山大大帝在仔细观察了这个结后，发现确实找不到任何绳头。

这时，他脑中灵光一闪："为什么不用自己的行动，来打开这个绳结呢？"亚历山大大帝想到这里，毫不犹豫地拔出剑，对着绳结一挥，就把绳结一劈两半，于是，这个保留了百年的难题就这样轻易地解决了。

亚历山大大帝勇于行动，一心奔赴目标，不墨守成规，显示了非常的智慧和勇气，注定能成就伟业。立刻行动是实现目标的最重要的条件。但还有一种情况，当你无法确定自己目标的时候，也应该立刻行动，而不是坐在书桌前冥思苦想。

"没有机会，我怎么行动？"这句话几乎成为失败者最常用的托词，有志气的人是不会这样怨天尤人的。他们在做事前会密切观察留意机会，在工作过程中则尽可能利用一切可以利用的时机，他们不等待机会，他们会创造机会。

事实上，我们经常看到，无论是在职业的选择中，还是在工作和劳动中，很多成功的机会往往青睐于那些身处逆境的人，他们没有良好的条件，没有捷径可走，也不乞求外在机会的垂青，所以，他们的付出最实在，他们所得到的机遇也就最多。我们在职业选择过程中，必须充分认识到这一点，自觉而顽强地为自己创造机会。

在困难面前主动一些，你的行动会助你收获一切。不管前进的路上有多少坎坷，你除了认真思考外，还要立即行动起来。没有条件，要创造条件；没有时间，要挤出时间。总之，你一旦行动起来，就有成功的可能。

立即行动起来，会让你在行动中不断修正自己的计划，你并没有改变自己原来的目标，只是选择了另一条道路而已，目的地没有变。对工作的态度，也是如此，不要犹豫和等待，要立即行动。没有任何困难会因为你回避而自动消失，没有任何烦恼会因为你不去想而烟消云散。你没有别的选择，只能去面对，只能去迎接任何挑战。记住，世界是属于那些善于思考，也善于行动的人的。

在工作中，只有当你率先行动、真诚地为企业提供真正有用的服务时，成功才会伴随而来。而每一个老板也都在寻找能够在工作中率先行动的人，并以他们的表现来给予他们相应的回报。所以，好员工都明白一个道理：与其被动地服从，不如率先行动。

失败者和成功者的差别不在别处，就在于"心动"与"行动"。

你是否有"心动"的想法，你是否将"心动"的想法付诸行动了，这是你梦想能否成真、事业能否成功的最重要的因素。

在工作中率先行动，就是听到了想到了，马上就能做到。具有了这种行动力，你就会抢占成功的先机。有句话叫"心想事成"，这句话本身没有错，但是很多人只是把想法搁置在空想的世界中，而不落实到具体的行动中，因此常常是竹篮子打水一场空。当然，也有一些人是想得多干得少，这种人比那些纯粹的"心理专家"要强一些，但通常他们也很难取得成功。

行动是一个敢于改变自我、拯救自我的标志，是一个人能力有多大的证明。在工作中行动起来，不但会让你为企业创造丰厚的业绩，还会让你在出色的工作中成就自己的事业。

敢于梦想，勇于梦想，这个世界永远属于追梦的人。"心动"的想法更需要用行动来实现，而行动也是要靠"心动"的想法、策略指引。

只有把这两者完美结合，我们才能抢占成功的先机。

平时要养成良好的习惯，从小事开始，有行动，才会有收获。想要到达最高处，必须从最低处开始，想要实现目标，必须从行动开始。

有许多刚刚步入职场的年轻人，自以为学识渊博，做了一点点工作就以为索取是首要的，对自己的薪酬也越来越不满足。然而，随着时间的流逝，他们越想得到的却越是得不到，于是拖延工作、抱怨老板。

汤姆刚从学校毕业，踌躇满志地进入一家公司工作，却发现公司里有那么多的局限性，而老板分配给他的工作又是一些比较简单的办公室日常事务性工作。一向高傲的他看到这一切，深感失望。

他开始到处发泄自己的不满，但并没有人理睬他。他只好埋头干活，虽然心里仍然存有不情愿的感觉，但不再像刚开始的时候那样浮躁了，而是努力地去做自己手头上的事情。每做好一件，他都会得到老板的肯定，他的"虚荣心"也就被满足一次，靠着这种卑微的"虚荣心满足"，日子就这样一天天过去了。

有一天，他认识了一位白发苍苍的老人，开始他并没有注意到这位老人，只是后来由于工作的原因，与那位老人打了几次交道。听人介绍说，这位老人就是赫赫有名的卡普尔先生，是公司总裁的父亲。他竟然是那么普通，那么不起眼，每天与大家一样上下班，风雨无阻，汤姆觉得不可思议。一次偶然的机会，老人对他说了这样一句话："把手头上的事情做好，始终如一，你就会得到你所想要的东西。"他记住了老人的教诲，即刻开始认真地做任何一件事情，无论自己分内的事情还是其他的工作，都尽心尽力地做好，而且在做了以后，自己的心态也就平静了许多。一年之后，汤姆升任了部门经理。

可见，无论手头上的事是多么不起眼，多么烦琐，只要你认认真真地去做，行动就有收获，而且你还要凭着不懈的努力，坚持到底，就一定能逐渐靠近你的目标。

曾经有一个精明的老板想招聘一名员工，他对应征的三十多人说："这里有一个标记，那儿有一个球，要用球击中这个标记，你们一个人有七次机会，谁击中目标的次数多，就录用谁。"结果，所有人都没能打中目标。这个老板说："明天再来吧，看看你们是否能做得更好。"

第二天，只来了一个小伙子，他说自己已经准备好测试了。结果，那天他每次都击中了标记。"你怎么做到的呢？"老板惊讶地问道。

这个小伙子回答说："哦，我非常想得到这个工作来帮助我的妈妈，所以，昨天晚上我在棚屋里练习了一整夜。"不用说，他得到了这份工作，因为他不仅具备了工作所需的基本素质，而且表现出了自己的优秀品质。

在职场中奋斗的人都会明白，千里之行始于足下，都知道坚持不懈、永恒进取的魅力，可是真正能做到并落实到行动上的人却很少。

有目标，才有行动；有行动，目标才能实现；坚持住，才有成功。没有失败，只有放弃，有行动就不会失败。

第三章

不怕工作遇到问题

不让情绪成为解决问题的障碍

在工作中，很多人都抱怨过，比如"我们公司的管理太不人性化了，每天这么早上班，还要求指纹打卡""我们的工资根本不值得我们做这么多的事情""老板一点也不关心我，不在乎我，在这样的环境里工作，我怎么能做出好成果"等。正是因为我们心中存在这些充满负能量的声音，我们才会去抱怨工作，我们才会感到工作乏味。

当今社会，生活压力随着需求不断增加，我们抱怨的声音也随着压力的增加越来越大。我们总在说自己很忙，没时间去放松，总是有太多的事情要做。适当的抱怨确实可以释放压力，让自己更好地工作，可如果我们总是在抱怨，那只会让自己的理智失去判断，无法用心去工作，最后使自己的职业生涯越来越窄。

艾森豪威尔是美国历史上的第34任总统。在他年轻的时候，有一次，全家人一起玩纸牌。艾森豪威尔连续好几次都拿到了很差的牌，于是他变得很沮丧，开始不停地抱怨，甚至想要扔下手里的牌退出游戏。这时候，他妈妈停下游戏，严肃地说："如果你要玩，就必须用你手里的牌玩下去，不要再抱怨，不然，你就退出。"艾森豪威尔愣住了。他看着妈妈严肃的表情，终于停止了抱怨，玩了下去。

纸牌游戏结束后，妈妈很认真地和艾森豪威尔谈了一次话。她语重心长地说："刚才的纸牌游戏是这样，我们的人生也同样如此。你没有办法选择拿到手的牌，但是要想继续游戏，你就必须用你的牌尽力去玩，而不是抱怨不止。只有尽全力，你才能得到最好的结果。"

妈妈的这些话成为艾森豪威尔的座右铭，他一直牢记这次教训，在后来的生活和工作中，他从来不抱怨，而是认真对待每一件小事，这样的态度，让他获得了成功。

对于员工来说，一开始的低职位就像是拿到手里的纸牌，好与坏是不能随心所欲地选择的，任何一项工作都必须完成。只有用心去做，才能够获得锻炼的机会。如果因为心态浮躁，眼高手低，放弃了职位，也就等于放弃了隐藏在其中的好机会。

美国哈佛大学有这样一条著名的校训：时刻准备着，当机会来临时你就成功了。对于每一位员工来说，这句话同样值得深思。只有在平凡的职位上不断努力，才能够为将来的成长制造机会。

工作中总会遇到各种各样的不如意，我们与其抱怨，不如去努力改变自己。抱怨不会改变现实，我们只有战胜情绪，让理智统领自己，用心去工作，才有可能改变现状。而富有激情的人给公司带来的总是正能量，他们精力充沛，工作起来积极、主动。

如果我们把自己的眼光停留在抱怨工作的层面上，那就只能使自己的工作永远停留在原地。反之，如果我们将精力和目光放在如何解决问题上，用心去工作，那最后就会收获意想不到的效果。

一味地抱怨，对工作是没有任何好处的，只能让自己徒增烦恼。在职场中，我们应该闭紧抱怨的嘴，用心做事，将自己的热情和精力都投入到工作中。要知道，抱怨不会改变我们的现状，只会让我们陷入更加不幸的状态。所以，我们只有放下抱怨，才能有快乐的心情去工作，才能创造自己的人生。

抱怨就是一种消极的思维方式，是一种逃避问题的消极思维方式，因此我们要远离抱怨，一味地抱怨只会使我们失去思考和解决问题的能力。我们要明白，企业的建设和发展从来不需要抱怨，抱怨只能使企业的状况变得更糟。所以，领导只喜欢那些用心工作，从不抱怨的员工。

用心工作的人不会抱怨，他们只知道全身心地投入到工作中。如果我们想得到别人的安慰，适当的抱怨会让我们收到想要的效果，但是，如果我们不停地抱怨，那只会让别人讨厌我们，同时还让我们的思绪处于一种混乱的状态。另外，持续的抱怨还会产生负面的影响，让我们的思想和眼界变得肤浅和狭隘，使我们的注意力无法集中到自己应该专注的事情上。

激情是一个人做好工作的重要因素。积极进取可以让人更加投入地工作，员工之间也能够互相信任，彼此更容易沟通。总之，只有在工作中充满激情，全力以赴，我们才能在各自的岗位上做出出色的业绩。

激情是一个人成功的前提。激情能够让人的工作能力得到提升，能够让一个人得到锻炼。激情是一种积极的态度，是一种对事业成功的渴望。对公司始终保持着激情，那么，我们的事业也就有了前进的动力。

你对工作充满激情，那么，老板也会非常欣赏你。有了激情，我们对工作的目标也就更加的坚定。有了激情，我们才不会抱怨，才可以更好地去创造价值，享受工作的乐趣。激情不一定就是轰轰烈烈，我们也可以在平凡的工作中拥有激情。在平凡的岗位上全心全意地工作，尽自己最大的努力，做好每一天的工作。

做一个富有激情的员工，这种激情能使你更加热爱自己的工作，更加享受自己的工作，然后通过自己的努力，在工作中得到全面的发展，同时也为企业做出巨大的贡献。我们一定要竭尽全力，让自己变成一个富有激情的员工，唯有如此，我们才能得到更长远的发展。

 **紧抠细节减少问题**

许多人认为，一些小事却搞得劳师动众，何必呢？对待随时可能发生的一些可能触犯到企业核心价值观的一些"小事"，小题大做的处理是非常必要的。否则，大家一旦都形成小事不去处理的坏习惯，那将会严重影响到执行的力度，从而影响企业的效益。

世界上没有什么事小到不需要我们用心去关注的，世界上也没有什么事大到我们用心也无法达成的。把每一件简单的事做好就是不简单，把每一件平凡的事做好就是不平凡。我们应该"小题大做"，只有"小题大做"才能保证执行到位，在执行的过程中就应该把杀鸡也用牛刀的精神亮出来，保证不出现小毛病，保证执行到位。

希尔顿饭店的创始人康·尼·希尔顿始终坚信只有真正注意每一个细

节，才能真正体现出一个人的责任感来。所以，在平时的工作中，他时常要求自己的员工要认真对待每一件小事，把看似不起眼的细节做到异乎寻常的完美。

一家企业的副总裁凯普曾入住希尔顿饭店。那天早上，凯普刚一打开门，走廊尽头站着的服务员就走过来向他问好。让凯普奇怪的并不是服务员的礼貌举动，而是服务员竟喊出了他的名字。

原来，希尔顿要求楼层服务员要记住自己所服务的每个房间客人的名字，以便为客人提供更细致周到的服务。当凯普坐电梯到一楼的时候，一楼的服务员同样也能够叫出他的名字，这让他很纳闷，服务员于是解释道："因为上面有电话过来，说您下来了。"

吃早餐的时候，饭店服务员送来了一份点心。凯普就问，这道菜中间红的是什么？服务员看了一眼，然后后退一步做了回答。凯普又问，旁边那个黑黑的是什么？服务员上前看了一眼，随即又后退一步做了回答。服务员为什么会后退一步？原来，她是为了避免自己的唾液落到客人的早点上。

或许，在很多人看来，这些都是一些不起眼的小事。但在商业社会中，只有将这些细节做到位，我们才能凭借超强的责任感赢得别人的信赖。

很多时候，细节是非常重要的。有时候细节的力量是我们无法想象的。在工作中不要忽视细节，更不要瞧不起小事。很多人成功了，都是因为他们能够把握住细节，而许多大事的失败恰恰就是毁于细节。所以说，想要成为一名爱岗敬业的员工，就一定要意识到细节的重要性。认识到小事的重要，不放过任何细节，只有这样，才能把事情做到完美，让自己的事业和人生也更加精彩。

工作中，我们要时刻注重细节，要把小事做好。忽视细节，不仅会给企业带来损失，也将给自己带来噩运。要知道，一个人必须从简单的事情做起，从细微之处入手才能成就一番事业。我们要想成为卓越的员工，就要在平时的工作中重视细节。只要我们能正确对待每一件小事，再小的事情也始终用心去做，并努力做好做优秀，那我们最后就一定能够成就一番事业。

把小事做好就是在不断完善自我。伟大的事情是靠细节积累而成的。做好小事情就是在为大事情打基础。注重细节是保证大事能够顺利实现的关键。在日常工作中，对每一个细节的忽视，都可能会导致这件事的失败。所以无论在做什么工作，我们都要有耐心做好，力求完美，且坚持不懈。

作为企业的员工，我们要努力锻炼自己关注细节，做好小事的能力。要知道，只有注重细节，用心做好小事，我们的职业生涯才会一片光明。"不积跬步无以至千里，不积小流无以成江海。"这句至理名言告诉我们，只有做好了当下的每一件小事，才能成就一番大事业。连小事都做不好的人，休谈大事！

在工作中，我们一定要脚踏实地地从小事做起，从点滴做起。要保持心思的细致，注意抓住细节，这样才可以养成做大事所需要的严密周到的作风。工作中的任何小事都不能够小看。把握了细节，才能把握成功。我们需要以认真的态度做好工作岗位上的每一件小事，用我们的责任心来对待每个细节。在岗位上，我们只有把小事做好了，才可以创造出最大价值。

100件事，如果99件事做好了，一件事情没有做好，哪怕它是再细微的小事，都有可能对某一企业、某一组织、某一个人产生百分之百的影响。

工作中出现的问题，的确只是一些小事上做得不到位，执行上的一点点差距，往往会导致结果上出现很大的差别。

实际工作中，有许多人因为事小而不屑去做，对待小事常常不以为然。事实上，有时候决定一个人成败的，不是他做了什么惊天动地的大事，而是取决于他有没有把小事做好。一位管理专家一针见血地指出，从手中溜走 1% 的不合格，到用户手中就是 100% 不合格。工作中一个小小的疏忽和失误，就会造成产品和服务上的缺陷，任何缺陷都会影响企业在顾客心目中的形象和地位，给企业带来难以估量的损失。

要知道，疏忽和失误，无论怎么细小，都可能造成重大损失。小事不等于没事，最困难的是做好细节。

在工作中，不能因为是小事就敷衍应付，轻视责任。可能由于你在工作中的一个疏忽，到了客户那里就会变成大问题和大麻烦，轻则会令企业形象受损，重则会使企业破产倒闭。细节不是小事，因为一个细节就可以左右事情落实与否，左右企业的成败。细节在自己手里就是王牌，在对手手里就是炸弹。忽视细节，结果必然是惨败。任何小的疏忽都会造成客户的不满，甚至可能产生十分严重的后果。用做大事的心态去认真负责地落实好工作中的每一件小事，尽可能避免小疏忽，认真地把每一项责任都落实到位，才能做出更多的成绩。

克服障碍，精力集中

　　我们都知道，一个专注的人在工作的时候，旁人是很难打扰到他的。有时候，我们之所以无法接受有人在旁边看着我们工作，原因不在别人，而是因为我们自己做不到专注。

　　要知道，当我们投入一项工作时，如果总因为别人的观看而感觉不安，那就说明我们的内心是极为不自信的。因为我们对自己的工作没有自信，所以才害怕自己会把工作搞砸。其实，越是这样想我们就越是紧张，越是静不下心来专注自己的工作。总之，过多地在乎别人的目光，总让别人的态度影响了自己对一件事情的把握和判断，说到底，这都是我们自己的问题。

　　其实，当一个人在专心做自己的事情时，是不会分出精力去在乎别人的眼光的，甚至完全感觉不到环境的变化。换句话说，专注做一件事情的时候，人是陶醉在事情中的。

　　爱因斯坦在发现短程线理论之前，做了很多观察、测量，进行了大量的计算。在整个过程中，爱因斯坦付出了巨大的心血。也许，只有他自己才知道其中的艰辛。

爱因斯坦对于科学的研究像是着了魔。有一回，他从梯子上摔了下来，他的腿骨折了，家人把他抬到床上后，立刻请大夫来为他治疗。然而，在整个医治的过程中，爱因斯坦一声不吭，并且，他的脸上也没有痛苦的表情。他这样的情况，让家人非常着急，大家以为他的脑袋摔坏了。

过了几天，爱因斯坦好了。他的家人问他，为什么当时大夫医治他的时候，他一句话都不说。爱因斯坦的回答让所有人大跌眼镜，他迷迷糊糊地说道："我是什么时候骨折的？我不知道啊！"经过家人的叙述，爱因斯坦才恍然大悟。

原来，爱因斯坦从梯子上摔下来的时候，他一直在想：为什么下落者要笔直地掉下来呢？因为他太专注于思考这个问题了，所以才不知道自己骨折了。同时，也正是因为他的专注，短程线理论才得以诞生。

专注于手上的一件小事情，专心做好做精，做到完美，再小的一件事也会变得有意义。

爱因斯坦能取得那么多的成就，就是因为他专注于发明。他专注于身边的小事情，完全陶醉在其中。只有完全深入进去，才能发现新奇的事物，才能发明出有用的东西。

众所周知，每个人的精力都是有限的，一个人的精力如果投入得过于分散，最后很有可能一事无成。所以我们在工作中，必须努力克服一切影响注意力集中的障碍。具体来讲，我们要在认识自己才能的前提下，选准目标，集中精力做重点突破，就像通过凸透镜把众多光束集中到一个焦点，从而引起纸张燃烧一样。永远记住，人的智慧和力量要在"聚焦效应"的作用下，才能形成所需的能量。

"学问尚精专，研磨贵纯一。"回顾历史长河，没有一个人可以在所有的领域都取得辉煌成就。那些取得巨大成功的人，都是只专注于一个领域甚至是一件小事。当然，有些人可能在多个方面表现出一定的才能，但这并不等于他们在这些方面都能达到尖端水平。如果目标过于分散，不仅会使我们失去原有的优势，还会将自己的劣势更多地暴露出来，最终因捉襟见肘穷于应付而一事无成。

很久以前，法国有个青年，他知识广博，爱好广泛，对各行各业都很了解。但是，他从来不把时间花在某一个领域。所以，虽然他知识渊博，但是他对某个领域还是不够精通，所以还是无所作为。

为此，他变得闷闷不乐，找不出原因。直到有一天，他带着自己的疑惑去请教著名生物学家法布尔先生。法布尔听了他的陈述，笑了笑，建议道："把你的精力集中到一个焦点上去试试，就像这块凸透镜一样。"为了给这位青年生动地说明这个道理，法布尔拿出一个放大镜、一张纸，放在阳光下面，纸上出现了一个耀眼的光斑，不一会儿纸就燃烧起来了。

毫无疑问，一个专注工作的人能够抛开一切无关的杂念，专心去做一件事情。人的生命是有限的，人的精力也是有限的。一辈子很短，能做成一件大事就很不容易了。兴趣广泛是好事，但是我们不能什么事都想做，因为这样最终只能是什么事都做不成。所以，无论我们做什么样的工作，我们都要足够专注，抛开一切杂念，静下心来，心无旁骛，努力克服一切影响注意力集中的障碍，全心全意地去将手头上的工作做好。

有行动就会有困难，这是必然的过程。遭遇困难的时候关键要有克服困难的决心，要知难而进，心里应该清楚，害怕困难和逃避困难都是没有任何作用的。唯一的办法就是开始行动，为克服它而去努力。

总之，一个人要想成就一番事业，就必须心无旁骛、全神贯注于自己的工作，全力以赴于自己的人生目标，这样才会成为最受企业欢迎的员工，才会在自己的人生道路上顺利前行！

 不要忽略工作中的小事

眼中没有小事的人，对工作缺乏认真负责的态度，对待事情往往也是敷衍了事。这种人根本无法把工作当成乐趣，他们只会把工作当作一种不得不做的苦役，还整天抱怨自己在工作中根本没有任何热情和动力。

在工作中不考虑小事的人，永远做不成大事，他们只能做别人给他们分配好的任务，然而即便这样，他们也不能保证把事情做好。而那些能在工作中考虑到小事，并且注重小事的人，不仅对待工作认真负责，将小事做好、做细、做精，还能在小事中寻找机会，从而找到开启成功大门的钥匙。

我们都知道，对于一根链条来说，最脆弱的一环决定了整个链条的强度；对于一只木桶来说，最短的一块木板决定了整只木桶的容量；而对于一项工作来说，决定其成败的关键就是一件件小事。因此，我们只有在工作中做到不忽略小事，努力认真对待好每一个小事，从细微处做起，我们才能光彩熠熠地走向成功。

无论是在工作还是生活中，对待事情认真仔细，努力把每一件小事都做得尽善尽美，只有这样，我们才能成就自己。让注重小事在我们的脑海里形成一种牢固的观念，然后再用观念来指导我们的工作，慢慢地，我们自然而然就会养成一种良好的工作习惯。而一旦养成了注重小事的好习惯，我们就能在工作中收获快乐，并取得骄人的业绩。

每个人刚开始参加工作的时候都会由于经验和阅历以及能力的限制，不能被企业领导委以重任，一开始做的工作大多是些体力活和烦琐小事。而很多人都会觉得这些工作都是小事情，没多大的含金量，不值得自己花费过多的精力和时间。毫无疑问，这种想法是不对的。在心理学上，有一个"不值得定律"，该定律说的就是这么一种想法，即人们潜意识里认为不值得做的事情就不会努力去做、敷衍了事，甚至根本都不去做。

因此，我们会看到工作中有些人过多地把精力投放在以为能够出人头地的"大事"上面，幻想着一夜成名。他们坚信自己有一天能一鸣惊人，而忽视了许多当下的具体事情，即使遇到这些事情也认为是不值得做的。

我们都知道，要想成就一番事业，就要从最简单的事情入手。一个连小事情都不能做好的人，更不会成就大事业。20世纪最伟大的建筑师之一密斯·凡·得罗，在描述他成功的原因时，只说了这样几个字："魔鬼在细节。"通用电器公司前CEO韦尔奇也说过："工作中的一些小事，唯有那些心中装着大责任的人能够发现，能够做好。"在韦尔奇看来，通过一件简单的小事情，就能反映出一个人的责任心。

在工作中，我们所有人都要懂得把每一件小事和那个远大的目标结合起来。当我们接纳了每一件小事后，目标的实现就只剩下时间问题了。要知道，梦想再大，也是由小事情构成的。任何大事都是由小事构成的，没有做好小事情的基础，就不可能取得巨大的成功。

把每一件小事、每一个细节做到完美，不仅能让我们获得经验的积累和知识的补充，还能让我们体会到工作的快乐和意义，并最终在工作中铸就属于自己的成功，实现自己人生的价值。

　　而毫无疑问，这一切都有赖于我们将注重小事变成一种良好的工作习惯。我们都知道，能力出众的人做小事的时候也非常认真，他们总是能注意到每一件小事。正是因为他们自身具备注重小事的好习惯，他们才比其他人拥有更多的成功机会，拥有更大的舞台。

　　美国标准石油公司曾经有一位小职员，他的名字叫阿基勃特。他在出差住旅馆时，总是在自己签名的下方，写上"每桶4美元的标准石油"字样，在书信及收据上也不例外，只要签了名，就一定写上那几个字。他的同事因此戏称他为"每桶4美元"，时间久了，他的真名几乎都快被人们忘了。公司的董事长洛克菲勒得知此事后，决定去见见阿基勃特，并邀请他共进晚餐。过了几年，洛克菲勒卸任，阿基勃特竟然被任命为下一任的董事长。

　　在签名的时候署上"每桶4美元的标准石油"，这在其他人看了，实在是太小的事情。很显然，这件小事不做也可以，但阿基勃特却将其做到极致。他对小事的注重让他的人生有了巨大的转变，更确切地来讲，正是这种注重小事的好习惯，让他坐上了董事长的宝座。

　　其实，在我们的工作中有许许多多不起眼的小事情，这些事情任何人都可以去做，但是，只有一小部分人把它做好了，并且一直坚持下去。有些人也许会觉得一个人的成功有偶然的因素，实际上，这种想法是错误的。就拿阿基勃特来说，他的成功几乎是一种必然，因为他让注重小事成为一种习惯，并在工作中长久地保持了下去，最终也因此获益良多。

　　众所周知，很多事情都可以从小事中看出个究竟，找出个所以然来。

小事的存在是有意义的，它往往能在一定程度上反映出做事的人的思想性格和处世为人的原则，就像我们能通过一个人的字看出这个人是什么性格一样，一个人所做的事情就相当于他的"名片"。而想要了解一个人，就去和他一起做件事情，观察他对于小事的态度。这无疑是最有效的途径。

注重小事，并保持好对待小事的良好态度，只有这样，我们才有机会让他人看到自己的卓越表现，才有机会获得别人的赏识。作为一名员工，面对如今社会日益激烈的竞争，我们若不能培养注重小事的好的工作习惯，那就很难在以后的工作中去迎接各方面的挑战，更不要说为以后的发展积累砝码。

总之，小事最容易被人们忽视，但是小事也恰恰最能反映一个人的真实状态和表现一个人的素养。现如今的企业，在招聘员工的时候，通过一件小事去考核一个人的品质和能力，已经成为一种较为普遍的衡量人才的方式。一个人在小事上的成功，看起来是偶然，但在每一次的偶然背后实则孕育着走向成功的必然。

我们要在工作中不断培养自己注重小事的好习惯。好习惯能让人受益终身。在工作中，注重小事的好习惯更能让我们将自己的工作做到完美，从而收获他人对我们的认可，并最终帮助自己登上成功的巅峰。

遇到问题就去解决

细节，就是日常生活中我们不太注意的一些小事情。而要想成就一番大事业，就必须从这些小事情做起，从细微之处入手。好高骛远，一心追求高大上，最终害的只能是自己。

试问，一个连小事情都不注意的人，还怎么成就一番大的事业呢？我们都知道，注重细节是一种对待工作极为认真的态度，同时也是一个人对工作负责的表现。不管做大事还是小事，忽略了细节必然会给工作造成巨大的影响或损失。因此，作为一个员工，我们一定要认真对待自己的工作，只有具备严谨的工作态度，我们才能把握好细节，打造自己的职场竞争力。

工作中一定不能忽视微小的细节。然而，再看看我们的周围，马马虎虎的人和马马虎虎的事随处可见，差不多的人和差不多的事也比比皆是，好像、几乎、似乎、将近、大约、大体、大致、大概、可能、应该，这些词汇充斥在人们的话语中。可以想见，就在我们脱口而出这些词汇的时候，也许我们面对的客户就已经流失了。

再大的事情，都是由许多个细节组成的。通过观察和分析中外企业家的成功之道，我们就会发现，他们之所以能有杰出的成就，往往是因为管理层始终把细节的竞争贯彻于整个产品开发的始终。所以，我们应该把每一件简单的事情做得不简单，把每一件平凡的事情做得不平凡。

除此之外，我们还要把细节提到重要的层次上，不断追求工作的零缺陷，要知道，我们越是注重细节，非凡的成就就越是青睐于我们。提高执行力，就要求我们在工作中做到严谨和细致，并保持住这样的作风，去掉心浮气躁、浅尝辄止的毛病，以追求完美的精神，尽职尽责地执行好各项重大战略决策和工作部署，把大事做细，把细节做精。

从来不缺想做大事的人，但很少有人愿意把大事做小，把小事做好。我们不缺少战略上的决策者，我们缺少的是尽职尽责的执行者；我们的企业不缺少规章制度，我们缺少的是对这些规章制度严格执行的人。

对细节的把握，决定着我们工作的质量和事业的成败；对细节的把握，也是一种对工作负责的表现。我们经常在工地上看到"从大处着眼，从小处入手"的条幅，其实这就是在告诫所有人，做事情虽要具备全局观念和战略眼光，但即使是再大的计划和战略设想，终究还是要靠细致而扎实的基础工作来实现。

细节之小却能证明一个人的工作态度和能力。眼中没有细节的人，很难对工作产生认真的态度，更无法把工作当作一种乐趣。只有那些重视细节的人，才具备认真负责的工作态度和强烈的事业责任感；只有那些重视细节的人，才具备严谨细致的工作作风，在细节问题的处理上绝不马虎，绝不能想当然；只有那些思维上缜密，考虑周全，做事严谨的人，才能在做事的细节中找到发展和突破的机会，才能使自己走向成功的大门。

总之，无论从事什么工作，我们都要注意细节。细节体现着一个人是否具备敏锐的眼光，是否具备在细微处洞彻事理的头脑，是否能在平凡的工作中干出不平凡的业绩。

在我们身边，能做大事的人实在是少之又少。多数的人只能做一些具体的事、琐碎的事、单调的事。张瑞敏说过，能把每一件简单的事做好就是不简单；能把每一件平凡的事做好就是不平凡。这话听起来很简单，可其中蕴含的道理却不简单。一屋不扫，怎能扫天下！泰山不拒细壤，故能成其高；江海不择细流，故能就其深。

因此，我们想要获得成功，就需要比别人更为细心和谨慎，就必须时时注意工作中的每一个细节。事情无大小，把细节工作做得更细，把工作做到更好。大家都知道细节决定成败这个道理，但关键还是要让每一个人都具备一双善于发现并把握细节的眼睛，养成注重细节的良好习惯，并能够在工作中得到体现。

细节是一点一滴的小事，但却包含着很大的学问。一件事情的细节决定完成质量的高低，细节的效应是量变到质变的过程。要想在自己的工作中有所作为，那就必须从小事做起。

一个好的企业会在产品、服务和管理上加强对细节的改进。有时候仅仅是因为给用户增加了一丁点儿的方便，但对于用户来讲，正是有了这一丁点儿的优势，才有了显著的对比。把每一件事都做到最好，对待工作一丝不苟，这正是一个出色的员工必须具备的素养。每一个人都要认识到，只有在工作中注重细节、把握细节、尽职尽责，老板才会放心地对我们委以重任。

天下难事，必做于易；世界大事，必做于细。我们要放弃好高骛远，踏踏实实地工作。要知道，不论是做人、做事，还是做管理，我们都理应脚踏实地，从细节着手，从小事做起，远离眼高手低。毕竟只有注重细节的人，才有机会取得非凡的成就，才有机会干出一番大事业。

 ## 以最好的状态去解决问题

在工作中，我们需要用最好的状态去工作，因为只有这样，我们才能在岗位上创造出更多的价值。什么是最好的状态？根据现代管理学的观点，最好的状态是指一个人在岗位上尽职尽责，不懈怠，不应付，能够主动去工作，并且会在工作中不断提高自己的业务能力和水平。

那么，什么是阻碍我们发挥最佳状态的因素呢？

答案很简单，厌倦。假如一个人厌倦了自己的工作，那么就会在工作中丧失最佳状态，变得应付起来，得过且过。

这个道理很简单，如果某天，老板让你拿着公司的印章在一份一份的文件上盖章，你肯定会觉得非常新鲜刺激，甚至会生出自己是"这家公司的老板"的错觉。但是，如果让你每天都重复这一工作，一天、两天、一周、两周你或许还能忍受，但是如果时间长度到了半年一年，甚至是几年之后，你还能忍受吗？

没错，工作内容的单调、枯燥、乏味，吞噬了很多人的工作热情，让他们感觉到自己就像一台重复工作的机器，已经不知道喜怒哀乐为何物了。

李琳在一家大型企业工作，每个月拿着令人羡慕的薪水，她有一个聪明的儿子，一个爱她的老公。按说她应该是幸福的。可是，最近，她却发现自己突然变得越来越"懒"了：懒得工作、懒得看书、懒得说话，甚至连以前最喜欢玩的保龄球也懒得打了。

她说大学毕业的时候，很庆幸自己找到了一份专业对口、收入颇丰且稳定的工作。开始的时候，她满怀信心和激情，不久就凭借自己的踏实和勤奋站稳了脚跟。可是时间久了，她发现，每天的工作都是例行公事，一沓沓文件摆在那里，好像一座山一样，永远也处理不完。第二天醒来又要重复前一天的工作，没完没了，看不到尽头，甚至有时下班后还得带一堆工作回家，或为了一个重要的会议而加班，感觉特别疲劳。

由于工作没有了新鲜感，李琳再也不像刚来时那样为了某个任务的完成而沾沾自喜了。李琳无奈地说，周围的人都羡慕自己拿着稳定的薪水，坐在舒适的办公室里，可是谁又知道她过得并不开心，每天只是填写一个个表格，那些表格很烦琐、枯燥，自己都不知道为什么要填写。李琳每天都感觉很累，很疲倦，甚至已经有了放弃工作，回家当全职太太的念头。可是，想想回家待着也许会更无聊，只好继续留在办公室里机械地工作着。而且最近一年，李琳在晚上总是睡不好觉，情绪低落，经常发无名火，怎么也高兴不起来，去医院检查，却什么毛病也没有。她很是沮丧，总觉得自己像一潭死水，没有新鲜的活水来补充，也没有任何的波澜和起伏，似乎就是在等待情绪衰竭的那一天。

像李琳这类人在别人看来就是典型的"身在福中不知福"，但是也就像"家家都有本难念的经"一样，谁心里的苦也只有自己最清楚。在现实生活中，有不少职场人士跟李琳的情况是一样的。在某一个岗位上做久了，就会逐渐失去新鲜感，这是一个很正常的心理现象。即便是自己喜欢的事情，如果成年累月重复做，也会感到厌倦的。在厌倦和烦躁的情况下，一个人很难拿出百分之百的精力去工作，自然也就不能达到自己的最佳状态。

但工作的单调和枯燥总是不可避免的。一项工作干久了，看上去轻车熟路，实际上就会有一种重复"吃剩饭"的感觉。不过，"剩饭"也罢，"新菜"也罢，关键是要调整好自己的"口味"，不断地变换一些花样，只有这样，我们才能够让自己时刻以最好的状态去工作。

其实，我们有很多办法让自己保持最好的状态。我们可以做到以下几点。

第一，用感恩的心态去工作。假如我们在工作当中学会感恩，我们自然就不会对工作产生过多的厌烦。而事实上，工作当中的确存在许多值得我们感恩的，我们要感恩企业给你的工作岗位、感恩领导给你的工作机会、感恩同事给你的工作帮助。这些感恩能让我们建立起与工作之间的感情联系，有了这种感情，我们对工作自然不会太过排斥。

第二，用正确的价值观去对待自己的工作。我们要将薪水当成是工作的回报，但不能当成自己唯一的回报。另外，我们还需要把工作当成事业。一个人把工作当成职业，那么他会全力应付，但一个人把工作当成事业，那么他会全力以赴。因此，我们需要将自己的工作当成事业而绝非只是职业。

第三，永远都要有一个自己的目标。当我们有了自己的目标之后，我们就有了动力。所以，想要达到最佳的工作状态，我们就必须在工作当中不停地树立目标，并让目标成为我们奋斗的动力。

工作本身并没有与生俱来的乐趣和意义，所有的价值全部是人为加在它上面的。不管我们从事的工作是单调乏味，还是趣味盎然，这一切都取决于我们看待它的心境。

第四章

自己的问题自己解决

第四章

主动解决问题就是在提高自己的能力

不要觉得你所工作的企业只是老板一个人的,你工作做得好坏,直接关系到了你自己的职业发展。经常抱怨的人,很容易成为"按钮"式的员工。他们常常是按部就班地工作,缺乏活力,时刻需要人监督。在老板不在的时候,他们可能就会偷懒,实际上这是在自毁前程。

不管我们在做什么样的工作,都不应该把自己当作是打工的人,我们要把企业当作是自己的来看待,把工作当作是自己的事业。这样一来,我们在工作的时候就会更有激情,更加负责,而且也会更加主动,你所得到的也不只是工作给你带来的成就感,还会有很多的机会。

王慧和黄娇在同一家公司工作,他们工作的内容基本一样,然而,两个人却有着非常大的差距。

王慧每天都是第一个来到公司的员工。来到办公室之后,她就开始认真做好当天的计划,并开始整理材料,利用空余的时间来学习其他的业务知识。她每天早晨都会看几页书,遇到了问题,总会想一下怎么样做会更好一点。刚开始的时候,老板并没有注意到她,同事们觉得她的这种行为很古怪，甚至有点排斥她。然而，她并不在意，依然非常认真地工作。

黄娇则不一样，她来到公司后，虽然说也没有迟到过。但是在工作的时候从来不主动，没有一点热情，总觉得自己工作是给老板工作，于是，她常常偷懒。她完成了老板交给的任务后，就去玩游戏，也不愿意去找老板再给自己分配点其他的工作。

就这样，半年过去了，王慧的表现越来越好，她的工作效率非常高，给公司创造了很多利润。老板很看重这个年轻人。没过多久，她就获得提拔，在薪酬上也有了很大的提升。但是，黄娇依然还是拿着那么一点儿底薪，做着原来的工作。

在当今社会中，职场上有很多对工作消沉的人一定要在上级盯着的情况下才能够好好地工作。要不然的话，他们就会偷懒，老板给多少任务就完成多少，多干一点活都觉得很委屈。但是，你想过没有，与其这样每天浑浑噩噩地混日子，还不如好好利用自己的业余时间来多干点工作。完成了本职工作，还可以积极主动地做一些其他的事情。如此下去，一天两天也许看不出什么变化，但是，时间久了，你就会发现，自己做了好多事情，能力也在慢慢地提升。自然而然地，就能够得到更多的机会。

对于那些成功的人来说，不管面对的工作是简单的还是复杂的，不管对工作有没有兴趣，他们都会主动去做事情、找解决的办法。甚至，他们可能比老板更加积极。这种主人翁的意识当然可以帮助一个人获得更好的发展。

一个人想要取得更大的成就，就要具有自动自发的精神。即便我们面前的工作非常无聊，也不应该找借口推托。

在我们的生活中，有两种人永远都一事无成，一种就是那些除非别人要他去做，否则他绝对不会主动去做事的人；而另一种人则是那些别人要求他做，他也不好好去做，做不好的人。那些不需要别人催促，就主动去做事情的人，他们不会半途而废，因为他们知道，付出得多，回报得也多。然而，让人感到遗憾的是，在日常工作中，很多员工并不能做到这一点。他们不去主动做事，工作态度也很差。在接到指令后，还要等到老板具体告诉他每一个项目可能会遇到的问题。

他们根本就不去借鉴过去的经验，也不会去思考这次任务到底和以前的任务有什么不同，是不是应该有什么地方需要提前注意。他们在工作中投入得很少。他们遵守纪律、循规蹈矩，但是没有一点儿责任感，只是非常机械地将自己的任务完成，一点儿创造性也没有。在老板看来，这样的员工根本就不会有发展。

很多人在工作中，没有了领导委派的任务就不知道该做什么了，也不知道自己的工作重心在哪里，应该怎么做。真正爱岗敬业的员工是绝对不会这样的，很多时候，他们会积极主动地找事情做。

如果一个人在职场中能够得到长期的发展，那么，他一定是一个爱岗敬业的人，是一个能够积极主动地面对工作的人。我们要明白，在工作中，不管我们需要担任的是什么样的任务，都要好好去做。

其实，任何公司都有一套分工明确的责任体系，老板没有太多的时间来给每个员工安排工作。很多时候，需要我们自己去积极主动地寻找工作。我们在开展工作时，就算是能力很强的人，也很难预料会发生什么样的问题，所以，我们在具体的工作中，需要积极地调整步伐。如果所有的事情都需要等待安排，那么，我们又怎么能够做出好的成绩呢？我们必须从等待工作的状态中走出来，做一个爱岗敬业的、积极主动的好员工。

主动的人总是精神饱满、积极乐观。在工作中，他们总是积极地寻求各种解决问题的办法，即使在工作中遇到困难和挫折时也是如此。

作为一名普通员工，我们有理由相信，在工作当中，养成主动工作的习惯一定能够给我们的工作带来不一样的变化。要养成主动工作的习惯，我们也可以为自己制订一个明确的工作计划，并主动去完成它。

养成主动工作的习惯也不是一朝一夕就能完成的，我们必须要培养自己的意志力，从小事做起，把自己当成是企业的主人翁，只有这样，我们才能够逐渐养成主动工作的习惯，并使之成为我们工作品格中最重要的一个"亮点"。

 ## 公司的问题就是你的问题

爱岗敬业就是喜欢、热爱自己的工作，全身心地投入其中。在工作中，做好自己该做的事情，这不仅是我们每个人的义务，更是一种责任。因此，我们每一个人都应该担负起自己的责任，在自己的岗位上用心地做事。你所在职位不管高低，都是整个企业运转不可或缺的一部分，你的认真态度、你的责任感是企业前进不可缺少的能量。

企业需要爱岗敬业的员工作为支撑。一家企业如果没有一批爱岗敬业的员工存在，那么一定是走不远的，也不可能有长久的发展。因此，从企业层面来说，企业需要爱岗敬业的员工。

我们个人也需要爱岗敬业。不光是企业需要员工有爱岗敬业的精神，我们个人也需要爱岗敬业来让自己得到提升。

我们都知道，现实社会中每一个工作岗位都是客观存在的，一个社会，现代化程度越高，分工就越明确，对从业工作者的人员素质要求也就越高。

在工作中，假如我们没有爱岗敬业的精神，那么就不能成为一个合格的员工，也就难以担当重任。工作是自己选择的，对自己选择的工作都不能重视或者尊重，谁还敢把重要的任务交给你来完成呢？

第37届香港电影金像奖，破天荒地将"专业精神奖"颁给了一个极其平凡的茶水工作人员Pauline姐——杨容莲，这在历史上尚属首次。当宣布她获奖的那一刻，包括刘德华、古天乐在内的众多前辈、大腕，全场起立，掌声经久不绝。为了给她颁奖成龙义不容辞连夜坐飞机赶回，还亲自为其调整话筒。

茶水工就是平日里在片场间歇，负责端茶送水的小人物。这份工作看似简单，却一点也不好做，一个剧组浩浩荡荡近百人，不仅要记清每个人喜欢吃什么，还要适时递过饮品、毛巾或盒饭。

杨容莲从业30年，将这份"简单"的工作做到了极致。几百个明星，她清楚地记得每一个人的口味。饭菜做得好，还能以包容的心，将片场所有人照顾得很好。她说："我的职位是茶水工，我不识字，但领这份薪水，当然要尊重这份工作。你专注工作，别人才会专注你。"

用心、专注、敬业，正是这些再简单不过的品质，让杨容莲获得这个当之无愧的奖项。

一个人行走在职场，工作中爱岗敬业，表面上是为企业、为上司，实际上是为自己。爱岗敬业的职员，能从工作中学到比别人更多的技巧，而这些技巧便是你向上的阶梯，不管你在何方，爱岗敬业的精神一定会给你带来巨大的帮助。

简单地说，爱岗敬业有两个好处：一是可以提高你的职业技能，有利于以后的发展；二是你可以把工作完成得更好，对企业和上司负责，会得到赏识和重视。

具备爱岗敬业精神的员工之所以会受重视，是因为他们认识到爱岗敬业精神是一种优秀的工作品格。这样的员工会为企业的发展做出真正贡献。很显然，他们自己也会因此而实现自己的价值。

从这一点来讲，爱岗敬业的员工才是老板重视的员工，也是最容易取得成就、实现卓越人生的员工。

成功者和失败者的区别在于：成功者不管做什么，都力求达到最好，丝毫不会松懈，不会敷衍了事；而失败者则正好相反。

汤姆和乔治是好朋友，两个人大学毕业时，恰逢经济萎靡不振的时期，很难找到合适的工作，于是，他们便降低了要求，到一家公司去应聘。这家公司正好缺少两个打扫卫生的工人，就问他们愿不愿意干。汤姆稍加思考，便下定决心干这份工作。

尽管乔治根本瞧不起这样的工作，但因为还找不到更好的工作，便也留了下来。他上班拖拖拉拉，每天打扫卫生时一点也不认真。一次，两次，三次，老总认为他刚从学校毕业，缺乏经验，再加上恰逢经济危机，便容忍了他。然而，乔治内心深处对这份工作没有一点热情，每天都是敷衍了事。刚干满一个月，他便离开了，又回到社会上重新开始找工作。当时，社会上到处都是失业人员，哪儿又有适合他的工作呢？

与他相反，汤姆在工作中丢掉了自己作为高才生的自豪感，始终把自己当作一个普通工人看待，每天把楼道、车间、办公室都打扫得干干净净。半年后，老总便安排他给一位高级技工当学徒。由于工作积极认真，一年后，汤姆成了一名技工。虽然如此，他依旧抱着一种高度的爱岗敬业精神，在工作中不断进步，尽心尽力。两年后，经济动荡的局面慢慢稳定后，他被提拔为老板的助手。而乔治此时才刚刚找到一份工作，是一家工厂的学徒。可是，他认为自己是高等学历拥有者，应该属于白领阶层。结果，把活儿干得一塌糊涂，被辞退后只能再去寻找新的工作。

从这个故事中我们可以看到一个有爱岗敬业精神的人和一个缺乏爱岗敬业精神的人之间的差距。

因此，必须时刻记住，我们的未来与我们的工作态度紧密相连。如果没有好的工作态度，没有爱岗敬业精神，我们就很难在工作中取得成就，甚至很难保障自己的生活。

只有成为一名爱岗敬业的员工之后，我们才能够在工作中找到自己的方向、找到自己的位子。爱岗敬业能够给我们带来太多太多，我们的工作能力会在爱岗敬业中得到提升，我们的口碑会在爱岗敬业中得到彰显，我们的人生也将会在爱岗敬业中得到升华！

爱岗敬业是每一位优秀员工都应当具备的品质，因为有了爱岗敬业这一品质，我们才能够变得优秀，才能够让自己的事业从平庸走向卓越！

不要把自己的问题推给别人

一个人即便没有非常出色的才能，但是只要能够拥有爱岗敬业的精神，就一定会获得人们的尊重。就算你的能力没有人可以超过，但是，没有了最为基本的职业道德，你依然会遭到社会的遗弃。爱岗敬业实际上不只是一个概念，更是一种实际的行动。如果我们可以将爱岗敬业当成一种习惯，那么，我们会发现，不但在工作中能够学习到各种各样的知识，而且还可以全心全意、尽职尽责地快乐工作。

爱岗敬业能让人在自己的工作中变得更加优秀，既可以很好地提升自己的业务能力，从而赢得老板的青睐，获得更好的晋升机会，也能够为未来的发展打下基础。

确实是这样，爱岗敬业的人往往可以从工作中获得更多的工作经验，而这些经验就是他们发展的基础，是向上的条件。就算你以后更换工作，从事不同的职业，丰富的经验和好的工作方法也定会带给你强有力的帮助，你从事任何行业都会获得成功。

如果我们可以将爱岗敬业当成一种习惯，那么，我们会发现，不但在工作中能够学习到各种各样的知识，而且还可以全心全意、尽职尽责地快乐工作。不管从事什么样的工作，都需要认真负责、爱岗敬业，让自己可以乐在其中，那么，就算是最为普通的工作，你也能够获得喜悦和成就感。

世界上最伟大的汽车销售员乔·吉拉德，平均每天都能卖出去六辆汽车。

在乔·吉拉德年轻的时候，他曾做建筑生意，但是生意失败，背负了巨额债务，当时他感觉自己没有任何的出路。万般无奈之下，他只好改行去卖汽车。刚开始的时候，他根本就没有将推销员这份工作放在眼里，只不过将其当作是养家糊口的手段而已。

有一次，他经过努力终于将一辆汽车卖掉了。就在那个时候，他的内心有了新的想法。他掸掸身上的灰尘，告诉自己："既然我能做好这份工作，为什么不更加尽心尽力一点呢？"

从此以后，他将所有的心思都放在了工作上。有一回，妻子给他打电话，说他的小儿子住进了医院，让他赶紧去医院。就在他准备回去的时候，一位顾客找上门来，告诉他说新买的汽车刹车不好使，希望他能够尽快处理一下。他没说一句话，马上又投入到了工作中，一干就是几个小时。

当他疲惫地来到医院的时候，妻子已经搂着儿子进入了梦乡。他没有去打扰母子，而是在病房的墙角坐了一夜。等到第二天早上，他又早早地上班去了。

在第二个月，他没有卖出去一辆汽车。不过，即便是这样，他也不失望。他告诉自己，任何工作都是不简单的，假如一遇到问题就开始退缩，那么，情况只会越来越糟。

有了这样的心态之后，他每天坚持用最饱满的热情去工作，无论是有意向的客户还是纯粹好奇的人，他都会一一回答他们的问题。

他的耐心营销最终赢得了很多人的青睐，慢慢地，他又开始做出业绩，并一步一步地成为一名出色的推销员。

看了这个故事，也许你非常钦佩吉拉德的工作能力。但是，我们在欣赏他能力的同时，也不要忘记了他的爱岗敬业精神。他对待工作的态度，他对待每一个人的耐心，最终养成了他爱岗敬业的习惯，也让他获得了事业上的成功。

职场人生的价值主要在于爱岗敬业。也许今天你并不是一个领导，你也不能够去管理其他人，但是你能有效掌控自己；或许你刚刚踏入职场，还不知道如何去面对未来，但是，你能够很好地把握现在。做好了自己的工作，你也就能够获得更多的发展。

我们在工作中不能仅仅只是追求报酬，而应当去追求更高的层次。爱岗敬业是工作中最基本的态度，也是我们实现个人价值最大化的最佳手段。保持爱岗敬业之心、让爱岗敬业成为一种习惯不光只是工作的要求，也是我们实现自身价值的要求。

成功是没有捷径的，成功是一步一个脚印走出来的。成功需要我们长年累月的积累，需要我们不断的付出。但人终究是有惰性的，在实际工作中，很多人根本就不愿意多做一点，多付出一点，他们希望多睡一会儿懒觉，少做一点儿工作，多休息一会儿。

如果一个人，每天都希望多休息一会儿、少做一点儿事情，那么，慢慢地他就会形成这样的习惯，最终会让他陷入平庸。而那些多做一点点，多付出一点点的人才更容易成功。成功与失败实际上就是差了那么一点，你想要成功，就必须主动付出，主动争取。

爱岗敬业是非常难得的一种品质。尤其是那些初入职场的员工。积极的员工可以更加敏捷，做事的效率会更高。不管你是管理者，还是普通职员，只要你能积极主动付出，你就一定可以在竞争中脱颖而出。

爱岗敬业的人，会努力把握自己的人生，从而更好地掌握主动权。为自己的企业负责，也是为自己负责。爱岗敬业的人，通常会与人交流自己的想法和意见，并且，自愿承担一些企业的额外工作。他们会找到自己的长处，他们更了解自己喜欢的工作。爱岗敬业的人更有自信，他们懂得不断地激励自己，让自己获得更多的成长机会。

任何一个人身上都有没被开发的潜能。那些爱岗敬业的人，通常会让自己隐藏的潜能激发出来，他们知道自己的未来，知道如何去工作，他们也就更加容易获得事业上的成功。

当我们将爱岗敬业变成一种习惯时，我们就能够从中学到更多的知识和经验，就能够从全身心投入工作的过程中找到工作的快乐，这种习惯或许不会有立竿见影的效果，但可以肯定的是，它一定能够给我们带来诸多益处。

在职场中，人与人之间的差距与其说是一种能力上的差距，倒不如说是爱岗敬业精神上的差距。无数商业名流的故事告诉我们，在这个社会，走在最前面的永远是那些爱岗敬业的人！

如果不能敬重工作，你就不会敬重企业，不会敬重自己。如果你连一件小事都做不好，那么老板肯定不会把难度高的工作给你做，你也就失去了成长的机会。要知道，你的努力和负责，不只帮助了老板，更是帮助了自己。

无论过去、现在和将来，爱岗敬业是我们在这个世界上所能学到的唯一的生存的本领。既然爱岗敬业如此重要，我们每一个人都应该把它培养成一种习惯，一旦把爱岗敬业培养成一种习惯，它将在我们的人生中起到不可估量的作用。

爱岗敬业一时是简单的，爱岗敬业一世是困难的。但只要我们不轻言放弃，或许要再坚持往前迈进一步，就能推开眼前那道通向成功的门。有意识地将敬业精神培养成为一种工作习惯，我们将受益终生。敷衍了事，得过且过的工作态度不仅会毁了你的工作，还会毁了你的前途和人生。

 ## 逃避问题只能让你失去机会

一位企业家说过这样的话："假如一个人能够把工作当成事业来做，那么他就成功了一半。"为何要这样说呢？同样的一件事，对于那些把工作当作事业的人来讲，他们会执着追求并力求完美；而对于视工作为谋生手段的人来说，他们是出于无可奈何才这样做的。执着追求比无可奈何的效果显然要强无数倍。

把工作当成事业，无论什么工作，都尽力做到最好。这样的员工从不妄想一举成功。他们会保持快乐的心情，努力工作，拼搏进取，力争精益求精。将工作当成自己的事业，就会因此激发出无尽的激情与动力，自己的潜力也会得到最大限度的提升。在自己的努力坚持下，业绩不断腾飞，每一个小小的成功，都会收获巨大的幸福感。这样信心就会越来越足，不断超越自我，追求上进。此时，工作对自己来说不是一种苦痛，而是一种乐趣。

假如你在工作时，想的只是工资和考勤，只是怎样敷衍上司，那么你所干的工作只能是再平凡不过的小事，还不一定胜任得了；假如你不只是为了工资而工作，还在为你的前途、为你的企业工作，把手中的工作当成事业来看待，那么，你一定会把工作做得非常好。

把工作当成事业，你会时时刻刻保持热情。这种对人生目标的热情，会产生巨大的能量，使我们对工作怀有巨大的责任感，也一定能够让我们在岗位上成就卓越的人生！

热爱工作，就是一个人保持自发性，就是把自己的每一个神经都调动起来，去完成自己内心期望实现的目标。热爱工作是一种强有力的工作态度，一种对人、事、物和信念的强烈感受。一个热爱工作的人也一定是一个在工作中有热情的人，他也一定能够在工作中用心地去工作。

有这样一个理论，人的价值＝人力资本＋工作热情＋工作能力。意思是说，一个人假如在工作中没有了热情，那么他的价值也就无从谈起。没有工作热情的人，工作时一定是盲目的，整天在浪费时间，应付了事，等下班、等发工资、等放假……。这样的员工，何谈尽心尽力工作呢？

事实上，工作热情和工作能力并不是处于同一个位置上的。工作热情是工作能力的条件和基本因素，工作热情可以增强工作能力。有了工作热情，才可以将工作做好。没有了工作热情，整天浪费时间，那么只会是越干越无聊。

工作热情不是课堂上教师传授给我们的知识，也不是书本上每天背诵的理论，更不是父母天生就给我们的。它是对生命、对工作的高度痴狂，对社会、对他人的一片真诚，对技能、对理论的无限期望，对人生、对梦想的美好向往，是用真心点燃的爱的焰火，是以快乐的心情去打造、去行动的源泉。

工作热情来自你对工作的热爱，当你不能在工作中找到激情和力量时，请再一次反思你所从事的工作吧。无论哪一种工作都有它自身的魅力。

公事公办式的职业方式在你眼里很可能是不切实际的，你可能会认为，上司给我涨点工资可能就会改变我的工作状态。事实上，这时你缺少的不是金钱，而是工作的热情。

假如我们有了工作热情和端正的工作态度，那么在不久的未来，我们一定可以取得良好的工作成绩。

热爱工作是我们让自己创造更多佳绩的必备条件。这是一种爱岗敬业的行为，也应该是我们每个人都应当学习的行为。不管从事什么职业，不管你的单位是好是坏，你都应该热爱工作、用心工作。在工作中，只有历练自己，不断地提高自己，才能够让自己在工作中实现突破。

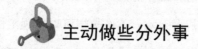

主动做些分外事

日常工作中，我们常常会遇到这样的情形：领导或者同事有时会让你做一些分外的工作。这个时候你应该怎么办？不少人会以"这不是我分内的工作"为借口进行推托，最后即使是做了，也是迫于领导的压力，或是碍于同事的面子，但自己却心不甘、情不愿、气不顺。

"这不是我分内的工作"，这话说起来很容易，但它却反映出一个人的成熟程度。一个有着长远眼光的员工不会说这句话，在他们眼中，工作不分分内分外。他们懂得一个道理：分内的工作是自己应该完成也是必须完成的，而分外的工作是自己在时间允许且完成了本职工作的前提下，能尽量去多完成的事。

很多人都觉得把自己的事做好就行了，那些分外的工作不是自己负责的，做不做都行。别人如果去做了，有些人还很不理解，觉得那些人真是傻。这种看法其实是不正确的。有一些人非常热情，虽然并不是自己应该做的事情，但是，他们依然会去做。因为他们觉得这样有利于他人，有利于大家。而这样的人往往能够赢得他人的好感。这就是一种无私的体现，也是一种爱岗敬业精神的体现。

马克在美国一家律师事务所担任律师助理，有一天中午，办公室的同事们都出去吃午饭了，身体有些不舒服的他一个人趴在桌子上休息。这时，公司的一个董事在经过他们办公室的时候停了下来，他想找一些特别重要的客户资料。

这原本不是马克的分内工作，也不在他的工作范围内，但他却立刻站了起来，对这位董事说道："您好，吉米刚才出去吃饭了，您是想找些资料吗？虽然我一无所知，不过您可以告诉我您需要哪些资料，稍后我会尽快把这些资料整理好送到您的办公室里。"一番热情洋溢的话让这位董事先是愣了愣，然后微笑着点了点头。

没用多久，马克就强忍着身体的不适，细致认真地将这位董事想要的客户资料全部分类整理好，飞速稳妥地送到了他的办公室。在接到自己想找的客户资料后，这位董事显得特别高兴，连连对马克说了好几声"谢谢"，并从此认识了极具服务精神的马克。

比起一些人平庸无味的职场经历，马克的人生际遇可要精彩多了，这件事儿过去不到一个月，他就被提升为这位董事的私人助理。

故事中的马克，做了分外的事，在做这些分外之事时得到了老板的赏识，得到提拔或录用。他似乎是下意识去做的，这些事非常简单，只不过是举手之劳而已，并不需要付出很多，可就是这样的小事，为什么其他的人不去做呢？原因就是，他们没有那种为他人服务的热情和爱岗敬业的精神。

做好自己分内的工作只是我们每个人的职责所在，并不值得对我们提出特别表扬，而时不时地揽下不属于自己的活，在别人眼里却是一种难能可贵的品质，当然值得他人对我们另眼相看，真诚相待。所以，当我们已经把自家门前的雪扫得干干净净，如果还有多余的时间，不妨也主动帮他人清理一下瓦上的霜。

在工作中，经常会有一些"苦差事"。很多人对苦差事唯恐避之而不及，但殊不知，很多时候，那些没有人愿意去做的苦差，恰恰是你展露才能和勇气的非常好的一个机会。这是因为，任何工作都隐藏着一些未知的机会，如果我们能够主动去找事做，那么能够获得的机会也就更多。

黄小伟是一家新公司的文员，他主要负责的工作就是在公司接听电话、打字、复印等，所干的工作也很零散。有一天，总经理的秘书生病没有来，这让领导的办公桌上到处都是杂乱的文件，很多文件还得总经理自己写。

总经理每天非常忙，需要处理要事，起草文件，忙得不得了。黄小伟发现了这样的情况，于是，便主动去帮总经理收拾办公桌。他手脚麻利，需要的文件很快就交到总经理手中，速度快、简练，总经理对他有了新的认识。后来，总经理将他升职为自己的秘书，并且还给他加了工资。

假如你可以主动去找事情做而不是等事情做，那么，你会获得更多的乐趣，会获得更多的锻炼，会得到更多的提升机会。时间长了，你在事业上也会获得更多的发展，获得他人得不到的丰厚回报。

在一家公司里，由于事务繁忙的原因，总有职位会出现空缺。就算是在一个人才济济的公司里也是如此。管理者在分配任务的时候，他同时也会在某个细节上出现一些不可避免的疏漏。这个时候，就需要有责任心的员工去查漏补缺，及时补位，让事情防患于未然，积极主动地工作，让工作变得更加完美。

在工作中，我们不要怕多做工作，也不要担心自己想得"太周到"。实际上，工作中我们恰恰非常需要这样的一种"周到"。哪怕事情再多，你也应该多想一想，想得周到，你的职业形象就会更完美，从而，你的老板会更加欣赏和器重你，你就更容易成功。

主动是为了给自己增加机会，为了让自己得到更多的锻炼，增加实现自己价值的机会。在企业中，你拥有了展现自己的平台，具有什么样的结果，发展得如何，那就全靠你自己了。成功永远奖赏那些能抓住机会、积极主动的人。

工作中所有的机会，实际上都是来自自己的主动争取。那些消极被动的人，永远没有机会，就算他们偶然获得了机会，最后也只能白白溜走。积极主动是一个优秀员工应该具备的基本素质。

我们常常会发现很多人一夜成名,实际上,他们在功成名就之前,已经默默无闻地努力了很久很久。成功是一种累积,不管是什么样的行业,想要攀上顶峰,都需要漫长的努力和精心的规划。

如果你想获得成功,那么,你就需要永远保持主动、率先的精神去面对你的工作。就算你所面对的是毫无挑战和毫无生趣的工作,你也应该做到自动自发、积极主动,直到最后获得回报,取得成功。

作为一名员工,要想在工作中有所作为,取得成功,就不要强调分内分外,除了尽心尽力地做好本职工作以外,还要主动去做一些分外的工作,这对于一个人的成长,往往会产生意想不到的作用。很多时候,分外的工作对于员工来说是一种考验,你能够任劳任怨地工作,能够胜任更多的工作,说明你的能力够强,能够委以重任。

第五章

重视团队的力量

主动帮助别人，扩大自己的交际圈

在快速发展的现代企业中，传统意义上的单打独斗已经不合时宜，团队配合已经成为必然。因为个人的力量总是有限的，与人联合可以壮大自己。企业的命运和利益也就是每个员工的命运和利益，没有哪一个员工可以让自己的利益与企业脱节。个人要想获得更大利益，只有让企业获得更大的利益。每个员工都应该具备团队精神，融入团队，把整个团队的荣辱同自己联系起来，在尽自己本职的同时做好和团队其他成员的协同合作，借助团队的力量让你更加出色地完成工作！

比尔·盖茨说过："大成功靠团队，小成功靠个人。"这句话说出了现在的社会现状。在实际的工作中，一个人如果想要取得大的成功，只靠自己的力量是很难实现的。毕竟这是一个合作制胜的年代，因此，我们只有融入团队中去，学会与团队其他成员进行有效的合作，我们才能很快地成长起来，才可以获得大的成功。

那么，何谓团队合作呢？首先，我们要了解什么是合作。合作实际上就是个人与个人、个人与群体或者群体与群体，为了达到共同目的，彼此相互配合和协作的一种联合行动、方式。

而团队合作指的是一群有能力，有信念的人在特定的团队中，为了一个共同的目标相互支持合作奋斗的过程。它可以调动团队成员的所有资源和才智，并且会自动地驱除所有不和谐和不公正现象，同时会给予那些诚心、大公无私的奉献者适当的回报。如果团队合作是出于自觉自愿时，它必将会产生一股强大而且持久的力量。明白了这一点，我们也就不难理解为何一个团队可以完成一项较为艰巨的任务，而一个人则不能。很多人有所不知的是，团队合作还能够让成员们的能力有所提升，这对于创造团队融洽的工作氛围和加深团队成员间的友情都是大有裨益的。

一个人的力量是有限的，如果我们想要获得成功，仅仅依靠个人的力量是远远不够的，我们要迅速融入团队当中，和团队成员一起努力奋斗。

拿破仑带领军队驰骋欧洲战场，所向披靡。然而，他在攻克马木留克城的时候却惨遭失败。原因就是，马木留克兵高大威猛，身体强壮、武艺超人。而体格一般的法国士兵在体能上就输给了马木留克兵，他们根本无法和马木留克兵相提并论，所以，最后拿破仑的军队没有获得胜利，反而遭受到了巨大的损失。

然而，拿破仑争强好胜，他并不甘心就这么失败，于是他开始研究马木留克兵，希望找到他们的短处，以求克敌制胜。后来，拿破仑通过细心观察发现，马木留克兵的单兵作战能力很强，如果说进行一对一地单打，法国士兵必然会吃亏。但马木留克兵的联合作战能力非常差，如果说两个法国士兵相互配合，那打败一个马木留克兵一点问题也没有，同理，一群法国士兵更能打败一群马木留克兵。

了解到这些后，拿破仑开始改变先前的攻打战略，他让法国士兵尽量避免单独作战，而是开展团队作战，最后他的军队赢得了胜利。

通过这个故事，我们不难发现，虽然马木留克兵身体强壮，但是他们的个人主义思想太重，又不懂得团队合作，没有团队意识，因此就不能够发挥团队合作的力量。相反，法国士兵的团队意识很强，他们通过自己的合作，靠团队合作的力量取得了胜利。

在工作中，个人的力量是有限的，只有团队合作才能铸就强大的力量，从而获得成功。如今社会讲究团队合作，因此，我们只有学会团队合作才能做出一番事业。一个企业若是缺乏团队合作意识，那就会如一盘散沙，缺乏战斗力，就不能在激烈的竞争中生存下去。而一个人如果缺乏与团队成员合作的意识，那么他就不懂在团队中借力使力，就会给自己目标的实现带来不可想象的困难，最终使自己无法完成任务。

所以，不管我们从事什么样的职业，身处什么样的环境，我们都应该努力融入一个团队中去，与团队成员开展有效的合作。

在这个社会，不管做什么事情，如果会凭一己之力，而不依靠团队的力量，必然会失败。现代社会竞争非常激烈，如果所有人都懂得用大家的能力和知识共同完成一项工作或解决一个难题，那么社会也就会进步，会发展。

总之，一个人如果没有团队协作意识，那么就算他个人能力再强，再优秀，他也很难实现自己的梦想。现在的社会，是一个急需合作意识和合作精神的社会。作为企业的一分子，我们要让自己融入团队中去，通过团队的力量来解决棘手的工作。要知道，只有学会团队合作，我们才能迎来事业上的春天。

一个人再有本事，他的能力也是有限的，如果希望在工作中做出成绩，成为优秀员工，那么就必须要学会与人合作，获得大家的支持和帮助。毕竟站在巨人肩上才能看得更远，我们只有借助团队的力量才更容易做出成绩。唯有团队合作，才能带领我们走向成功。

众所周知，每一个人都想成为一名卓越的员工，都想在事业上做出一番成就，而此时，唯有借助团队合作，我们才能从职场中脱颖而出，轻松获胜。可以毫不夸张地说一句，团队合作是让我们在职场胜出的一项重要资本。离开了团队合作，我们什么都不是，我们什么成就都无法取得！我们的梦想更是无从实现。

李颖在一家汽车销售公司做业务员。他的销售技能和业务关系都非常好，在公司的业绩榜上，他经常名列前茅。然而，遗憾的是，李颖在取得一定的成绩后，就开始有些目中无人了，他不仅对客服人员非常无礼粗暴，还经常对他们的工作指手画脚。

原本这些客服人员对于李颖的工作是非常支持的，只要是他的客户打来的电话，他们都会马上对其进行售后服务。可是李颖却经常说："你们的饭碗是我给你们的，没有我，你们都要饿死了！"说这些话的时候，他还会附带着批评客服人员的服务没有做好。

客服人员忌惮他的职位，因此对他不敢进行正面的反抗，于是，他们就通过行动与他对抗。后来，只要是李颖的客户打来的电话，客服人员就不理不睬，而且一拖再拖。

无奈之下，这些客户只好打电话给李颖，怒气冲冲地向其投诉。因为客户的售后服务无法跟上，这直接导致李颖的续单率持续降低，就这样，新客户没有开发到不说，就连原来的老客户也都流失了。

最后，遭受客服人员排挤且业绩不佳的李颖，只好选择卷铺盖走人，离开了这家曾成就他一番事业的公司。

从上面的例子我们可以看出，一个人离开了团队，就算他再有能力，最后也必然会失败。总之，我们要想把工作做好，取得一番成就，必要的团队合作是不可忽视的。

如果我们在工作中，能够注重团队合作，培养自己的团队意识和团队精神，那我们定能依靠团队的力量成就自己。

当我们认识到团队合作的力量时，我们就会明白，是团队合作哺育了我们，是团队合作让我们变得更加强大，是团队合作让我们迅速成长，是团队合作成就了我们自己！

团队合作能成就个人，这是职场不变的真理。我们每个人都要牢牢记住这句话，并在以后的工作中不断提醒自己，不当独行侠，不走个人路。唯有如此，我们才能在团队中走得更远，更顺利。

现如今，所有企业都在追求团队合作，因为仅凭个人单打独斗是很难闯出一片天的。这个时候，我们必须努力调整自己的观念和心态，积极主动地融入团队中去，借助团队合作成就自己。在实际的工作中，懂得团队合作的人才是一个真正的智者。一方面，他们通过团队合作成功地完成了自己的工作，为企业创造了价值，另一方面，他们又通过团队合作提高了自己的工作能力，让自己逐步成长为一个出色的员工。

正和博弈激发团队正能量

我们在工作中一定要懂得奉献、乐于奉献，只有这样，我们的团队才能变得越来越强大，我们才能享有更好的生活。对于我们每一个人来说，在工作中不断奉献，是我们获得成长的最佳途径。相反，离开了奉献，离开了付出，我们也就彻底离开了团队，而离开了团队，我们就算自身能力再强，也什么都不是！

研究表明，一个人的成功，85%是建立在积极工作的基础上的，还有15%是建立在个人的智力和他所掌握的信息的基础上。由此可见，在团队中，我们要努力培养积极工作的习惯，毕竟这是我们快速融入团队的最佳资本。

积极工作不仅是对自己的要求，也是企业发展的必然要求，尤其是在市场竞争日益激烈的今天，任何一个团队，要想在激烈的竞争中站稳、做大，都需要团队成员的积极工作。而作为个人，要想在团队中谋生存、求发展，就要培养自己积极工作的习惯，赢得团队的信赖。

在团队生活中，一个人的力量是十分有限的。即使一个人没有一流的能力，但是只要有积极工作、积极做事的习惯，也同样会赢得人们的尊重。假如你只拥有超强的工作能力，而没有积极工作的习惯，那么你的个人能力也会因为你缺乏良好的工作习惯而受到抑制，从而无法获得领导的赏识和同事的认可，久而久之就会对自己的工作造成巨大的影响。

所以，我们要想在职场上获得更多的信赖和赏识，就要在工作中培养积极工作的习惯。对待自己的工作要满怀热情，不等不靠、尽职尽责把工作做到位，力求精益求精，这样你才能获得更多的发展机会和回报，并且与团队一起成长。

作为团队中的一员，在做好自己分内工作的同时，还主动做一些对团队发展有利的事情，这样的员工，无论在哪个公司都会受到重用。

当然，在职场工作，我们最主要的还是要圆满完成领导交给我们的任务，只有这样，我们才能得到领导的认可，才具备了在这个单位、这个岗位生存下去的机会，才有可能实现自己的价值。否则，一切都免谈。然而抛开这些，让领导满意，赢得团队信赖的途径还有很多，其中尤为重要的当属工作积极主动了。要知道，企业之所以支付我们薪水，是希望我们能积极主动地做好工作，为企业创造出巨大的价值和效益，如果我们总是消极懒散，做事不上心，那势必会让团队成员对我们心生不满和厌恶。

总之，一个优秀的员工所表现出来的主动性，不仅体现在其能坚持自己的想法，做好手头的工作，还体现在其可以主动承担自己工作以外的责任。

小李应聘到一家进口公司工作后，晋升速度很快，没过多久就坐到了办公室主任的位子，这让周围所有人都惊讶不已。一天，小李的一位知心好友怀着强烈的好奇心询问他这个问题，希望能学习到一些成功的秘诀。

小李听后无所谓地耸了耸肩，用非常简短的话答道："这个嘛，很简单。当我刚去公司工作时，就发现，每天下班后，所有人都回家了，可是董事长依然留在办公室工作，一直待到很晚。于是，我下决心，下班后不回家，待在办公室。虽然没有人要我留下来，但我认为我应该这么做，因为这是一个积极的员工应该做的。如果需要，我可以为董事长提供任何他所需要的帮助。就这样，时间久了，董事长也养成了有事叫我的习惯，我也就有了被重用的机会。"

我们不禁要问，小李这样做是为了薪水吗？当然不是。事实上，他确实没有获得一点物质上的奖赏，但是由于他的付出，他得到了老板的赏识和升职的机会，自然也为以后的事业打下了基础。

从这个故事中，我们不难看出，小李成功的背后，积极主动工作的意识起到了决定性的作用。所以，要想取得非凡的成就，我们就必须培养自己积极主动工作的意识。只有这样，我们才能养成积极主动工作的良好习惯，并在该习惯的引领下，做好自己分内分外的工作，进而赢得团队的信赖，更好地融入团队中去，最后与团队一起成长，一起成就一番骄人的事业。

我们都知道，一个人积极主动工作的自我意识主要是在现实生活中慢慢养成的。如果我们总是被偷懒、拖延、消极等坏毛病纠缠住，那时间一长，势必会影响到我们积极主动工作的自我意识的形成。所以，在平时的工作和生活中，我们一定要坚决地和这些坏毛病划清界限，唯有如此，我们才能成为一名优秀的团队成员。

总之，我们要自动自发地做事，同时为自己的所作所为承担责任。要知道，那些成就大业之人和凡事得过且过的人之间最根本的区别就在于，前者懂得积极主动地工作，并为自己的行为负责，而后者则刚好相反，一方面，他们总是消极懒惰地对待工作，另一方面，当他们在工作中遇到困难的时候，通常都会选择逃避，有多远躲多远。其实，他们根本就没有意识到，一个人主动担当重任，并为企业的发展承担风险，表面上看起来似乎是一件苦差事，但实际上是在为自己赢得发展的机遇。

综上所述，我们每一个人都要积极主动地工作，然后凭借着自己这份超强的责任心去赢得团队的信赖，从而更好地融入团队中去，赢得更多的发展机遇，一步一步迈向成功的大门。

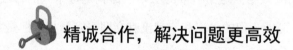

精诚合作，解决问题更高效

如果把团队的建设比喻成柴火，那奉献就是干柴，我们只有不停地往火堆里添加干柴，柴火才能源源不断地燃烧下去。在竞争激烈的职场中，但凡成功的人，往往都是懂得奉献、乐于奉献的人。他们的奉献精神犹如一种竞争力，最后帮助他们一路披荆斩棘，成就一番辉煌的事业。

有这样一段话："如果你是一滴水，你是否滋润了一寸土地？如果你是一线阳光，你是否照亮了一分黑暗？如果你是一颗粮食，你是否哺育了有用的生命？如果你是一颗最小的螺丝钉，你是否永远守在你的岗位上？"可以看到，这段话说的正是奉献精神，其实，不管我们从事什么工作，我们若想为所在的团队贡献出自己的一分力量，我们就必须先培养自己的奉献精神。

众所周知，奉献是一种无私忘我的精神，它包括敬业、乐业和勤业，敬业实际上是奉献的基础，乐业是奉献的前提，而勤业则是奉献的根本。奉献精神不仅是我们国家非常宝贵的财富，同时它也是整个世界的财富。对于一名员工而言，我们只有在工作中培养奉献精神，不断地为团队劳心出力，我们才能真正成为团队的一员，从而获得团队的认可和赞赏。

乐于奉献是一个古老的话题，随着时代的变迁，人们不断赋予它新的内涵。要知道，乐于奉献是推动人类社会进步的重要精神财富，也是社会对从业人员最基本的职业道德要求。

工作中，很多人都抱怨自己付出得太多，却得不到应有的回报。

其实我们应该相信这个世界的法则，那就是每个人的付出和奉献都不会白白浪费。可能我们的付出和奉献没有立即得到回报，但是我们要相信，未来总有一天，我们会获得应有的回报。所以，在平时的工作中，我们应该多奉献一些，未来也就会多一份回报。

在一个又冷又黑的夜晚，一位老人的汽车在郊区的道路上抛锚了。她等了半个多小时，好不容易有一辆车经过，开车的男子见此情况二话没说便下车帮忙。

几分钟后，车修好了，老人问他要多少钱，那位男子回答说："我这么做只是为了助人为乐。"但老人坚持要付些钱作为报酬。中年男子谢绝了她的好意，并说："我感谢您的深情厚谊，但我想还有更多的人比我更需要钱，您不妨把钱给那些比我更需要的人。"最后，他们各自上路了。

随后，老人来到一家咖啡馆，一位身怀六甲的女招待员即刻为她送上一杯热咖啡，并问："夫人，欢迎光临本店，您为什么这么晚还在赶路呢？"

于是老人就讲了刚才遇到的事，女招待听后感慨道："这样的好人现在真难得，您真幸运碰到这样的好人。"老人问她怎么工作到这么晚，女招待员说为了迎接孩子的出世而需要第二份工作的薪水。老人听后执意要女招待员收下 200 美元小费。女招待员惊呼不能收下这么一大笔小费。老人回答说："你比我更需要它。"

女招待员回到家，把这件事告诉了她的丈夫，她丈夫大感诧异，世界上竟有这么巧的事情。原来她丈夫就是那个好心的修车人。

通过这个故事，我们能明白一个道理，那就是种瓜得瓜，种豆得豆。我们在"播种"的同时，也种下了自己的将来，你做的一切都会在将来的某一天、某一时间、某一地点，以某一方式在你最需要它的时候回报给你。

其实，行走职场也是这么一个道理。我们每天不停地努力工作，为企业奉献自己的青春和汗水，或许我们工作的报酬没有很快地提高，但只要我们继续努力工作，继续奉献付出，那日后老板一定会对我们刮目相看，从而许我们一个升职又加薪的美好未来。到时候，我们的努力奉献一定会得到相应的报酬。

总之，我们今天像牛一样工作，明天就会像凤凰一样高飞，我们一定要有这样的信念。此外，我们还应该看到，今天我们辛勤的工作不仅拿到了丰厚的薪水，同时还提升了自己的工作能力，磨炼了自己的个性，收获了丰富的工作经验。所以，我们需要的仅仅是时间，时间将会向我们证明一切。

当一个员工努力做到"爱岗敬业，爱企如家"时，实际上这就是对其所在的团队的最好奉献了。我们都知道，"家"是我们精神的支点与动力，家也是我们成长的归宿。然而，有的时候我们只去照顾"小家"了，竟然忘记了去照顾"大家"。"大家"是什么，实际上我们现在所在的企业也是一个"大家"。总之，企业是个大团队，需要我们每一个人都去为之奉献！

父辈经常教育我们："干一行，爱一行。"如果我们不喜欢自己所从事的工作，那也应该竭尽全力，让自己慢慢喜欢上这份工作，否则我们迟早会被辞退。即使不会被辞退，我们也会因此浪费自己美好的青春。要知道，在自己所在的岗位上恪尽职守、爱岗敬业、持之以恒、埋头苦干，这些都是我们应尽的责任，也是我们奉献精神的最佳体现。从一个人的奉献精神中，我们可以看出其对待工作的态度，是不是足够尽心尽力，是不是足够勤奋，是不是足够努力。我们每个人都要明白，当我们在工作中不断奉献，不断付出时，我们终将创造出属于自己的成就。

可见，没有奉献和付出，就没有回报，换句话说，丰厚的收获都下是来自于辛勤的耕耘。假如麦粒没有播入土壤，那么它们必然会死亡。如果你没有将你的财富种子完全地奉献出来，那么你也就不会有好的收成。

只有知道如何去为他人提供服务，去找到你的价值，那么你才可以得到自己需要的一切。

有一天，宝马汽车公司的一位员工在一家宾馆里休息，他看到宾馆门口放着一辆宝马车。然而，这辆车非常脏，于是，这位员工毫不犹豫地走过去，将其擦洗干净。

没想到，这位员工的做法不仅让宝马车的车主非常感动，而且还获得了宝马公司的高度评价。因为这辆停在门口光洁闪亮、高贵典雅的宝马车，实际上也就是一个活体广告，会让人们对宝马车有一个很好的印象。

一年后，这位员工凭借着自己的奉献精神，一步一步从基层走到了管理层，最后实现了其人生的一次重大飞跃。

其实，这位宝马汽车公司的员工，他之所以那么做，根本就没有受到领导的指派，完全是因为他自己乐于奉献，渴望在奉献中成长。而老天也终究没有薄待他，最终让他取得了巨大的进步，实现了自己的梦想。

很多人认为，企业是员工实现自己梦想的平台。其实，光有这个平台是远远不够的，如果员工不肯在工作中不断奉献和付出，这个平台再大再好也是枉然。所以，我们若想让自己变得更加强大，那就必须学会奉献，学会付出，然后在奉献中茁壮成长。

职场是一个极为讲究奉献和付出的地方，我们要想获得成功，得到回报，就必须乐于奉献，甘愿为团队劳心出力，勤勤恳恳地工作，持续不断地奉献。或许在短时间内，老板和同事并没有看到我们的默默奉献，但只要我们长期这样工作下去，那他们早晚会看到我们的付出和成绩，从而给予我们应得的回报。而那些喜欢在工作中偷奸耍滑的人，虽然他们不可能每次都被领导抓个正着，但只要被抓到一次，那他们就很有可能被炒鱿鱼。

一个有着奉献精神的员工不仅会将自己分内的工作做好，还会尽其所能地为企业做些他能够完成的任务。可以毫不夸张地说一句，具备奉献精神的员工，向来都专注于工作，努力地将自己全部的能力贡献给企业。

有人认为，在工作中奉献是一件非常吃亏的事情，在他们看来，一个人想要在职场上立足就很不容易了，为什么要花费时间和精力去做一些无谓的奉献呢？毫无疑问，这种想法是不对的，因为一个在工作中乐于奉献的人通常都要比那些不愿吃亏、锱铢必较的人更能获得更多的好处。他们在甘愿为团队劳心出力的过程中，不断地成长，不断地进步，并总能领先其他人一步取得成功。

我们行走职场，一定要懂得奉献，乐于奉献，多为团队做些力所能及的事情，如果有团队成员遇到困难，我们务必及时伸出援助的双手。要知道，团队是一个大家庭，我们每一个人都是大家庭中的一员，只有当大家庭好，大家庭的每一个成员都好时我们才可能真正地好。而这一切的实现，都需要依赖我们的不断奉献。

 ## 解决问题要善于借助团队的力量

我们在任何时候都需要培养自己的全局意识，不要被眼前局部的情况所迷惑。一定要时刻为全局的利益着想，这样的员工能够为企业创造出巨大的财富，也能够让自己的事业得到升华！团队合作可以让企业更加成功，让团队更加卓越，让企业的员工更加优秀。团队合作精神已经成为现代企业员工必须具备的素质，提升团队合作意识以及团队合作能力是企业发展的必经之路。

在职场上，每个人凡事都应该从大局出发，以大局为重，不要执着于一隅，不能只着眼于一城一地之得失。有很多才华出众的人在做事的过程中却缺乏大局意识，凡事不能从大局出发，不能立足长远把握实际效果，不能从利害关系出发，从而铸成大错，造成严重的损失，甚至一失足成千古恨。

小刘是一家大型外贸公司的运输班班长，脑子很活，业务熟练。只是在班长的位置上一干就是五年，至今也没有上升的迹象。倒是有两个同样是当班长的同事升了职。这是什么原因呢？

中秋节那天，小刘接到上级电话，要他紧急调一台车到某地，接替其他班组的任务。运送货物的卡车坏在半道，公司一时没有多余的车调配。小刘打了几个电话，发现班里的人都说远在外地过中秋，于是就回电话说没法调配。其实呢，就算他的下属真的没法赶来，他自己也是可以出车的。可他偏不，也撒谎说自己在外地。而他的那些下属，估计也有撒谎的。

有次外商来公司考察，领导早就说好了要将车子洗干净，并要求所有的司机穿统一工装。小刘安排了大家洗车，却忘记了要求他们穿工装。第二天上班才想起来，于是让没穿工装的在公司的宿舍里找了几件旧的工装换上。当领导陪着外商来到运输队时，只有他们班的衣服不干净整齐。

类似的事情有好几起，可小刘却丝毫不觉得自己错了。第一件事，他觉得只要自己的任务完成就行了，别的班组的事与自己无关。第二件事，他认为是形式主义，穿统一工装没有什么意义。可是这些在领导眼里，就是没有大局意识，无法担当重任。

顾全大局是一种责任，大局意识也是责任意识。无论是员工还是管理者，都要学会从整体的高度考虑问题，个人目标要符合大局要求，个人的前途要和企业的前途结合起来，当需要牺牲一点个人利益的时候，就不能太斤斤计较个人的得失，而是要有牺牲的精神，处处以集体的利益为重。

作为一名合格的员工，不论何时何地，都要目光高远，看到企业美好的发展前景，不论说话还是做事，都要把企业利益放在第一位。不利于企业形象的话不说，不利于企业发展的事情不做。在我们选择一家企业并成为它的员工的时候，就意味着我们站在了企业这艘船上，这艘船的命运将我们的命运紧密地联系在一起。如果我们真想让自己过得更好，让自己更有价值，那么我们就得努力工作，让企业变得更有价值。

员工要懂得与企业共存亡。很多人认为，为企业创造了巨大财富是员工最神圣的事，然而其实与企业共存亡才是最神圣的事。即使你创造了巨大财富，没有与企业同呼吸共命运的意识，有一天也会为了自己的利益而损害企业的利益。"共存亡"就是要求我们在工作中认真负责，这样我们也会为了企业更好的发展，树立全局意识。

这个世界充满了有能力的人，他们的才华是我们很多人不能达到的，但是他们却缺少那种顾全全局的意识。而很多团队需要的都是那些能够有全局意识的人，这样的员工能够让企业感到安全，他们的眼光会让企业觉得他们是最值得寻找的员工。企业只要有这样的人才，就能战胜一切困难，走出困境；这样的人才也一定能够出人头地。

在实际的工作中，员工的合作意识非常重要。一个员工，只有真正意识到合作的重要性，才能在企业中做出一番事业。我们不能做那种和其他同事穿戴一样的制服，在口头上宣扬团队合作，然而在心里依然是我行我素、不合群的员工。要知道，这样的员工是无法获得同事的认可的，其事业也不会有长远的发展。

事实上，我们的团队合作意识决定了我们的工作成就，所以，我们要把团队合作意识渗透到工作的每一个细节中。我们都知道，几乎所有的工作都离不开团队合作，只有在团队内部形成互帮互助的合作意识和工作氛围，我们才能在不知不觉中将所有的工作做好。这个时候，作为团队中的一员，我们一定要懂得换位思考，比如在一项工作进行的过程中，我们最好不要缺勤，因为如果我们突然中断工作，很容易给团队其他成员造成压力，同时我们的缺席还会影响整个团队的工作进度和工作效率。

如果我们能在工作中为团队其他成员考虑，为其提供一些力所能及的帮助，或是分享自己宝贵的经验，那我们就能迅速地融入团队中去，赢得同事的信任和认可，我们就能为团队的发展倾尽自己全部的力量，我们就能和团队一起成长，并获得最终的成功。

而这一切，都有赖于我们自身团队意识的培养。在培养团队意识的过程中，我们要努力做到以下四点：第一，要学会自如地、迅速地、心平气和地承认自己的错误、弱点和失败；第二，要善于看到其他团队成员的优点，然后取长补短，不断完善自己；第三，如果说其他队员向我们请教问题，我们要耐心地去解答，以团队的利益为先，将自己所掌握的技术分享出来，让对方信任我们；第四，我们要将自身的优势发挥出来，并将其转化为团队的优势，以更好地促进团队的成长和发展。

此外，我们还需认识到，没有规矩，不成方圆。各行各业都有自己的规章制度，团队也不例外，所以，我们要想培养自己的团队合作意识，就必须懂得服从团队的安排。打个比方，很多时候，我们会觉得自己的想法和工作方案是最优秀的，但是如果上司没有采纳我们的意见或是没有选择我们的工作方案，那我们也不能学孙悟空大闹天宫，但凡遇到这种情况，我们需要做的就是服从团队的安排并虚心学习。因为只有这样，我们才能让团队的工作更好更快地完成，当然，我们也能借此发现自己、认识自己、锤炼自己。

所以，在工作中，我们想要成为一名具备团队合作意识的优秀员工，就一定要在接到命令之后，毫不犹豫地去执行。有时候，即便是遇到棘手的工作，我们也不要害怕或是逃避，要知道，越是棘手的工作越可以让我们得到锻炼，越能证明我们的工作能力。如果我们做好了，老板就会对我们另眼相看，同事们也会更乐意与我们一起合作。另外，如果我们在工作中出现了错误，那么也不要急着把责任推到同事的身上。要知道，工作上遇到问题和麻烦是在所难免的，这个时候恰恰是考验我们的时候，一味地推卸责任只会毁掉我们在团队中的形象。所以，我们需要先从自身找一找原因，然后好好地反省一下自己的工作态度和方法。总之，想要和同事和谐相处，愉快合作，我们就必须勇于承担自己的责任。

最后，团队合作意识的培养还表现在我们如何处理自身与其他团队成员的摩擦与冲突上。比如，在制订一个宣传方案的时候，我们和团队其他成员出现了分歧，此时，我们绝对不能盛气凌人，将对方逼至绝境。正确的做法是，退一步海阔天空，大家一起坐下来，心平气和地讨论并吸取彼此的意见，从而更好地解决问题。

我们若想更好地融入团队中去，与团队成员协同合作，共同激发团队的战斗力，那我们就必须努力培养自己的团队合作意识，唯有团队合作意识，才能引领我们迈向成功。

我们在工作中一定要懂得奉献、乐于奉献，只有这样，我们的团队才能变得越来越强大，我们才能享有更好的生活。对于我们每一个人来说，在工作中不断奉献，是我们获得成长的最佳途径。相反，离开了奉献，离开了付出，我们也就彻底离开了团队，而离开了团队，我们就算自身能力再强，也什么都不是！

奋斗精神会让团队更和谐

奋斗精神可以让人在竞争中不断地通过寻求团队合作，提升自己的能力，增强团队的战斗力。

优秀员工与普通员工的区别在于，普通员工一般会这么想："公司和团队为我做了什么？"而优秀员工则会想："我能为公司和团队做些什么？"如果你能有把公司当成自己的家的奋斗意识，就不会和同事斤斤计较；如果你有热爱团队的奋斗意识，就会甘于"吃亏"，乐于奉献，让集体的人际关系更加和谐。一个人如果总计较自己的付出，没有任劳任怨的奋斗精神，就会对多做的工作产生抵触情绪，还会影响自己在公司的人际关系。

李明军是一位被破格提拔的总经理。总裁最看重的就是他的担当精神。总裁虽然精明干练，但是管理风格却十分"独裁"，对下属总是按照自己的意志来指挥，从不给他们独当一面的机会，人人都只是奉命行事的"小角色"，连主管也不例外。这种作风几乎使所有主管都极为不满，一有机会便聚集在走廊上大发牢骚。

然而，李明军却与众不同。他并非不了解总裁的缺点，但他的回应不是批评，而是设法弥补。当总裁又忍不住发布命令的时候，他就加以缓冲，减轻下属的压力。同时，又设法配合总裁的长处，把努力的重点放在能够着力的范围内。受差遣时，他总尽量先多做一步，设身处地地体会总裁的需要与心意。在李明军的配合下，大家虽然不时地要受些委屈，偶尔也忍不住抱怨几句，但整个团队其乐融融，配合默契，每个人的能力都得到了充分发挥，整个团队的战斗力非常强。

经常读成功人物传记的人会发现：许多成功的人背后都有一个全体成员团结互助、亲密合作的团队。如果脱离了集体，个人即使再有能力也没有团队产生的合力大；如果只计较自己的得失，无视团队的利益，那将涣散团队的合力，最终害人害己。

亨利是一家营销公司的一名优秀的营销员。他所在的部门里，团队精神曾经十分出众，每一个人的业绩都特别突出。后来，这种和谐融洽的氛围被亨利破坏了。

前一段时间，公司的高层把一个重要的项目安排给亨利所在的部门，亨利的主管反复斟酌考虑，犹豫不决，最终没有拿出一个可行的工作方案。而亨利则认为自己对这个项目有了十分周详而又容易操作的方案。为了表现自己，他没有与主管商量，也没有向主管提供自己的方案，而是越过主管，直接向总经理说明自己愿意承担这项任务，并提出了可行性方案。

亨利的这种对团队没有担当精神的做法，严重地伤害了部门主管的"面子"，破坏了团队精神。结果，当总经理安排他与部门主管共同负责这个项目时，两个人在工作上不能达成一致意见，产生了重大分歧，导致团队内部出现了分裂，团队精神涣散了下来，项目最终也在他们手中"流产"了。

这个事例说明，一个人如果没有认清自己的位置，不顾团队的整体利益而只想表现自己，对团队造成的损害将是非常大的。

钓过螃蟹的人或许都知道，竹篓中放了一群螃蟹，不必盖上盖子，螃蟹是爬不出来的。因为当有两只或两只以上的螃蟹时，每一只都争先恐后地朝出口处爬。但篓口很窄，当一只螃蟹爬到篓口时，其他的螃蟹就会用威猛的大钳子抓住它，最终把它拖到下层，由另一只强大的螃蟹踩着它向上爬。如此循环往复，结果就是没有一只螃蟹能够成功。

这个现象被叫作"螃蟹效应"。如果团队成员目光短浅，没有奋斗精神，只关注个人利益，忽视团队利益；只顾眼前利益，忽视长久利益，那么整个团队将会逐渐丧失前进的动力，如此，便会出现"1+1<2"的现象，最终让团队失去战斗力。

"螃蟹效应"是员工严重缺乏奋斗精神的体现，他们没有认清自己在团队中的位置，没有对团队负责的担当意识，更不会以团队利益为重，而只是局限在狭隘的自私自利的"小我"中争名夺利，推卸自己的担当。

没有团队精神对个人和组织的成长都有严重的后果。由于"螃蟹们"的相互牵制，为了各自利益的明争暗斗渐趋白热化，最终的结果只能是既害了团队，也害了自己。

大家在同一个团队中工作，无疑彼此都是竞争伙伴，但只要以高度担当精神出于"公心"对工作任劳任怨，就会彼此尊重，为了团队的最大利益而团结一致。在团队中，必须与他人共同分享利益、承担责任，越是有奋斗精神的人，越会懂得尊重别人，任劳任怨地奉献和付出。

在一个团队里，最需要的就是成员之间的相互协作和彼此的担当。要努力将团队的价值最大限度地发挥出来，实现"1+1>2"的效果，提高整个团队的凝聚力和战斗力，让每个员工都愿意为团队的进步贡献力量，让每个员工都能在团队中实现成长。只有这样，团队的目标才能最终实现。团队的成功靠的是成员对团队的奋斗精神，成员的成功靠的是彼此的信任感。奋斗精神会让团队更加和谐。

第六章

方法总比问题多

第六章

采取行动才是解决问题的关键

著名社会学家戴维斯坦言道："自己放弃了对社会的责任，就意味着放弃了自身在这个社会中更好的生存机会。"在工作中，假如你放弃了对工作的责任，那么也就预示着你放弃了对自身发展的良机。责任心很重要，更重要的是在工作中要做到尽心尽力。

做好自己职责范围内的工作，这是判断一名员工是否合格的前提条件。工作中，每个人都扮演着不同的角色，而每一个角色都有其相应的责任。从另外一个意义上讲，角色饰演得好不好并不取决于你对职责的重视程度，而是做到的程度。

西藏隆子县玉麦乡地处我国喜马拉雅山脉南麓，那里是我国人口最少的行政乡，只有九户32人。在20世纪90年代，卓嘎姐妹在父亲桑杰曲巴的带领下组成了"三人乡"。父女两代人接力守护着1987平方公里的国土。

早在1990年之前，卓嘎、央宗姐妹俩和她们的父亲桑杰曲巴，是这片土地上仅有的百姓。一栋房子，既是乡政府，也是他们的家。父亲桑杰曲巴是个老民兵，放牧守边34年，从未离开过这片土地。

　　这个与世隔绝的山谷实际上危险重重，随时都会被泥石流冲下来的大树挡住了去路。由于玉麦乡地处高山峡谷地带，长不住一粒青稞。长期以来，玉麦人的所有生活保障全靠人背马驮运进大山。每年从 11 月到第二年 6 月都是大雪封山期，这里就成了出不去进不来的"孤岛"。

　　因为环境恶劣，年轻的姐妹俩多次希望跟父亲搬离这里，看看外面的世界。

　　央宗不理解，为什么父亲不愿意去更好的地方生活？直到有一次她发现，父亲翻箱倒柜的找来一些布在缝补些什么。

　　这一天，父亲把亲手做的第一面五星红旗挂在了屋顶上，央宗终于明白了父亲的心思，至今她都清晰地记得，父亲曾先后做过四面国旗。

　　玉麦乡的第一任乡长桑杰曲巴退休后，大女儿卓嘎继续担任起玉麦乡乡长，这一当就是 23 年。卸任后的卓嘎担任起驻村干部和妹妹央宗继续守护着这片家园。

　　他们父女两代，接力为国守边，长期为守边固边忠诚奉献。他们始终坚定继续守卫国土，建设家乡的决心，永作扎根边陲的格桑花。

　　一个人不管做什么工作，都应该尽职尽责。因为一个人只有在尽自己的最大努力来完成工作时，才能不断取得最大成就。这不只是工作的要求，也是人生的要求。假如没有了尽职尽责的精神，生命只会变成一潭死水。

　　不管你在什么工作岗位上，假如能全身心地投入工作，忘我地努力工作，就一定能将工作做好。任何一家公司都喜欢尽职尽责的员工，只有每个员工意识到尽心尽力是自己的任务，这个企业才能在日益激烈的市场竞争中取得胜利。

　　著名企业微软之所以能称雄全球，一直处于领先地位，并不是因为它有天才职员的支持，它的成功与每一位职员拥有"唯我独尊"的责任心紧密相连。他们以尽责为要求，并坚信只有自己才能肩负起这个崇高的任务。更重要的是，他们懂得要完成这项工作，只有每个人在各自的工作岗位上尽到自己的责任，公司才能不断向世人推出一流的产品。

尽职尽责要求员工在自己的岗位上把工作做到完美，每一个细节都要兼顾到。一个把责任心贯穿工作始终的员工，会把负责任变成一种要求，变成脑海里的一种自发意识。在日常的生活和工作中，这种责任意识才会让员工自己表现得不平凡。一个合格的员工，不仅仅是做好自己分内工作，还要有高度的责任心，做到毫无瑕疵，让上司和公司感到骄傲。这才是尽职尽责的表现。

一位人力资源部主管，在给新职员进行职场课程学习讲解时，说到了他的一次亲身体会。他对公司新职员说，他一辈子都忘不了那次经历，并且他要组织公司的职员也接受一次这样的训练。因为，他想让所有的职员明白，什么是责任。

有一次，他参加了由某单位组织的拓展训练。训练规则是这样的：一群陌生人组成一个团队，每个团队都需要完成四项任务，每一项任务都需要集体来实现，假如有一个人没有完成，那么输掉的将是整个团队的积分。

每一项任务都非常难。不过还好，他们这支叫作"野狐"的队伍已经完成了最艰难的三项，只剩下最后一项任务了。就是让队员必须爬到十米高的一个柱子上，然后站到立柱顶端的一个圆盘上，接着向斜前方纵身一跳，凌空抓住距离自己有 1.2 米远的一根横木，才算完成任务。据那里的工作人员说，有很多人到了圆盘上根本不敢站起来，甚至都吓哭了，更别说完成任务了。

没有一个队员有充分的把握可以完成任务，许多人甚至连上场的勇气都没有。可是任务又一定得完成，要不然所有的努力都将白费了。

关键时刻，总会有一个人敢"吃螃蟹"，在其他队员近乎喊破嗓子的呐喊加油声中，这个敢"吃螃蟹"的人成功了。大家相互加油，一个接一个都完成了任务。轮到最后一位了，她是一个柔弱的女孩。

当她刚刚爬上立柱的时候，她的腿就在抖，并且抖得越来越厉害。他知道，其实很多人也明白，他们要输了。但大家还是给了她最坚强、最激烈、最倍受鼓舞的理解和激励，还有指导，因为那个时候输赢已经不重要了，大家觉得不能让她一个人落下。这是他们的责任，"她是我们的队员，我们有责任带她一起离开。"

她蹲在圆盘上，大家的心已经提到嗓子眼儿。看得出，站起来对她来讲都是极为艰难的事情。大家还在拼命呼喊，虽然大家都明白，对于站在十米高地方的她来说，大家的声音很低，甚至根本听不清大家在说什么，但大家能做的只有这些。他们必须把那些能做的做好，为什么？因为这是责任。

过了一会儿，她真的站了起来。这时候，所有人都屏住了呼吸。

等了好久之后，她纵身一跃。那一刻，其他人的心跳比她的更快。

她成功了。紧接着是雷鸣般的掌声，很多人的手都拍疼了。不仅仅是因为胜利，最重要的是完成了任务。大家的任务，还有女孩的任务。大家没有丢下她不管不问，她也没让大家失望。

后来，这个女孩告诉大家说她有轻度的恐高症，"可是，我不能放弃，我的放弃会使整个集体输掉。"她的话像锤子一样重重地砸在了大家的心里。大家瞬间知道，那是责任的力量。

每个企业都是一个息息相关的有机整体，好比人体各个器官的运作一样，需要每个员工都把责任固定在自己的肩膀上。假如企业的每个职员都能尽责，积极分担责任，那么企业的辉煌就指日可待。其实，职员的尽责不只是为企业赢得了更大的经济效益，更是为自己赢得了巨大的发展机遇。

　　在日本本田公司，有这样一个汽车销售员，名字叫林子文。这个中年女子，没有任何汽车销售经验，可是却创造了令人惊叹的销售成就。

　　林子文对汽车行业一窍不通。为了攻破这个难题，林子文从头开始学习。在业余时间里，她购买了大量如砖头般厚重的专业书刊，不分昼夜地恶补理论知识。她没有任何汽车销售经验，当其他同事向客户解释汽车方面的问题时，她甚至比顾客听得还要认真，紧接着，她会在心里默默地将同事的话回想一遍。为了把这份工作做好，林子文付出了比其他人多几倍的汗水。无数个晚上，丈夫在卧室里看着表等她，直到再也熬不住了才独自一人睡去。而林子文则依然静静地在书房里学习理论知识。

　　这种对工作的热情得到了公司的认可，她以最快的速度成为店里销售业绩最好的工作人员，让很多做汽车销售的同事惊叹不已。林子文的努力是出了名的，她的敬业精神也是令人赞叹的。

　　带着强烈的责任去工作，就是对工作能力的最有益弥补。高度的责任心让林子文获得了成功。《华尔街时报》曾这样评价林子文："林子文一心一意奋斗在销售行业，她的敬业精神和工作业绩在男本位的日本商界显得尤为可贵。"正是缘于她的这种尽职尽责的敬业精神，她才能始终保持着每年销售100辆汽车的最佳销售业绩，并借此开始了她的升迁道路。

　　不管从事什么职业，只有尽职尽责、尽心尽力地工作，才能在工作中有所收获。尽职尽责，才能为自己获得更大的发展机遇。假如三心二意、拖拖拉拉、敷衍了事地对待工作，那么这样是永远无法做好工作的。

每一个人从诞生那天开始，就生活在这个复杂的社会关系中，和他人、团队、社会之间存在着各种各样的责任联系。

正因为责任的广泛存在，使得我们能得到别人的认可，能被尊重，能变得更优秀。带有责任心的品格，是一种大家都明白的品格，却又是极少数人能够把它发挥到极致的稀有品格。有调查显示，近九成的优秀推销员不是那些油嘴滑舌、擅长交际的人。与此相反，他们都是性格内敛，相貌不出众的人，他们不觉得自己有多少能力，不会为自己的成绩盲目自满、飘飘然起来。他们都是具有强烈责任心，具有优良品格的好职员。

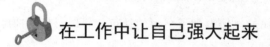

在工作中让自己强大起来

美国心理学家约翰·威廉·阿特金森认为，个人的成就动机可以分成两类，一类是追求成功的动机，另一类是回避失败的动机。不管出于哪一种动机，我们都可以看出，其实每一个人的心里都住着一个渴求完美的小人儿。

因此，当人们在选择工作的时候，一部分人总是倾向于对高难度的工作发出挑战的信号，而另一部分人则束手缚脚，只愿意做一个谨小慎微用处不大、人人皆可取而代之的"鸡肋"。对于那些时不时出现的极其困难的工作任务，"鸡肋"型员工从来不敢主动发起"进攻"，在他们看来，如果想要保住眼前这个虽发不了财但也饿不死的饭碗，那么最好还是乖乖地待在自己的乌龟壳里，免得日后被挑战失败带来的巨大挫败感伤得体无完肤。

王辰光是一所普通大学文秘专业毕业的大学生，毕业之后她就在一家外资公司担任部门主管的助理一职。至今工作已经好几年的她，在扣除五险一金后，每个月拿到手的工资大概有 3000 元。生性喜欢稳定、闲散和简单的她，当初在选择工作的时候，总爱将眼光放在一些没有多大挑战性的文职工作上。

助理工作虽然容易上手，但是长久地做下来，也未免有些枯燥、单调和乏味。王辰光渐渐地感觉有些力不从心，为了排遣不快，她经常给朋友打电话，在一次电话中她说："我真不知道自己还能坚持多久，虽然我现在对这份助理工作已经快驾轻就熟了，可每天都干着同样的活儿，就跟天天吃一道菜一样，再这样下去，我迟早会发疯！"

电话那边的朋友在听到这些一反常态的丧气话后，着实为她内心的烦闷感到些许的担心，对她说："你是学文秘出身的，之前不是一直特别想要从事文职工作么？好不容易积攒了这么些年的工龄，你可不要因为一时的灰心丧气将它付之一炬啊！"

王辰光深深地叹了一口气，说："工龄有什么用啊？在公司领导的眼里，我就是一块鸡肋。即便我每天都会接手一堆鸡毛蒜皮的小事，尽心尽力地为公司付出，可他们总认为我是一个可有可无的员工，即使离开了，迟早也会有人接替我的职位。"

说到这些，她的语气明显有点激动，声音一下子增大了好几倍。于是，朋友连忙安慰她，"照你这么说，辞掉这份工作也未尝不是一件好事，既然你做得那么不开心，还不如另觅高枝，换一家好一点的公司，选一个好一点的职位重新开始。"

"唉，我现在也是一团迷雾。工作了好几年，我的工作经验可以说是被文职工作给圈死了，要想换一个行业东山再起，恐怕难于上青天啊！"王辰光感觉自己现在是进退两难，进一步是万丈悬崖，退一步是无边暗谷。

其实，像王辰光一样沦为"鸡肋员工"的职场人士并不在少数。其中大多数的人还将这份让自己饱受煎熬的工作视为安身立命之所，尽管他们感觉现在的工作已经毫无出路和趣味可言，却始终在这每天八小时的工作里混吃等死。因为，命悬一线的理智在提醒他们需要生存，所以很多人还是选择待在逼仄狭窄的"安全屋"内，不敢打破现有的工作状态。

这样做的结果是不言而喻的，"鸡肋员工"的精神状态肯定会一日不如一日，在公司的每一分每一秒都将变得度日如年，除了紧张、厌倦以及无可奈何之外，他们根本感觉不到任何工作的快乐。更有甚者，在未来的某一天，公司老板可能突然看他们不顺眼，一怒之下毫不留情地将他们扫地出门。所谓鸡肋，食之无味，弃之可惜，但这可惜并不是永久性的，只要找到了合适的人选，公司领导就会像扔掉烂抹布一样，再也不会对他们多看一眼。

因此，行走职场，尤其是对待将决定我们一生的工作时，我们一定要拿出万分的谨慎和加倍的钻研精神，学会在工作岗位当中提升自己，而不是整天自怨自艾。为什么这么说呢？王辰光之所以会觉得助理工作毫无前途和乐趣可言，那是因为她事先就已经界定了助理工作的内容和实质，此举其实跟画地为牢别无二致。

我们若想获得职场成功，首先要做的事就是粉碎内心渴望安于现状的念想，然后在日常的工作之余，努力学习，提升自己各方面的能力。一味地埋首在烦琐的日常事务里，等我们抬起头来的时候，远方除了一片阴郁的暮色之外，压根就寻不到一丝光明。我们应该腾出一点时间让自己进行独立思考，或是补充更多对工作有用的知识，竭尽全力地打造自己的核心竞争力，最后成为某一个领域的精英人才。

在职场摸爬滚打，钻研并没有捷径可走，努力做到以下几点，即使当不上能独当一面的"鸡头"，我们也可以摆脱"鸡肋员工"的耻辱称号，让自己扬眉吐气一回。

第一，为自己设立一个高标准，认真对待工作中的每一件事。高标准的要求才能产生高质量的成果，当我们力求尽善尽美，把自己的分内工作做好时，我们成长的速度会更快，从中收获到的经验也会越多。

第二，把公司最优秀的同事当成自己学习和竞争的目标。职场当中没有人敢说自己的能力已经臻于完美了，因此，我们要向优秀的人看齐，时时刻刻把他们看成自己学习的榜样以及竞争的对象，我们才能"近朱者赤"，茁壮成长，假以时日化身为一棵与他们比肩而立的参天大树。

第三，不惧挫折，直面困难。困难和挫折总是无情地摆在通往成功的路途中，而面对挫折和困难时最好的武器便是坚持不懈的意志。在成功的路途上，没有哪一样东西比坚持不懈的意志更为可贵。那些得到赏识并且成为某一领域权威的人士，都是性格坚韧的人。坚韧的个性能使人不讨厌工作，每天奔波不觉劳累。它所产生的能量持续不断，加以控制和引导，就能变成一种认真，进而提高自己应对挫折的忍受力。真正坚持不懈的人，能将种种失落的情绪抛在一边，不断锐意进取。

第四，永远保持着一种不断挑战自我的信念和决心。"鸡头"可以做，"鸡肋"决不当，我们如果不愿意像软弱的绵羊一样终生吃草，就得拿出狼一般果敢的进取精神，鞭策自己不断进步。暂时地身居低位没关系，高昂的斗志和积极的钻研迟早会助我们青云直上。

人们常说，不能让孩子输在起跑线上，但是现实却告诉我们，每一个人的起跑线从来就不在一条水平线上。虽然许多职场中人并没有得天独厚的家世背景，可老天爷毕竟还是公平的，在时间的王国，所有人都站在同一高度的平台。面对工作，我们不妨拿出自己的拼搏精神，充分运用自己的聪明才智，在钻研的道路上越走越远，直到遇见繁花锦簇的明天。

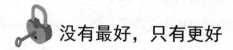

没有最好，只有更好

"百尺竿头须进步，十方世界是全身"，即便你现在已经取得了辉煌的成就，也不要骄傲。山外有山，只有更加努力，才能达到事业的更高峰。

在现实工作中，只有那些不满足于当前所取得的成就，不断进取，不断在工作中追求自我的人，才能将工作做好，取得事业的成功。一个人只有通过不停地进步，不断地努力，超越对手，超越自我，才能在职场上生存下去。要想在激烈的竞争中有所成就，就要不停地超越自我，将工作做到完美。没有人天生就是赢家，财富和幸福的收获是长时间拼搏的结果，而不是靠运气和等待的结果。

成功是坚持不懈、辛苦付出、日复一日努力的结果。要成功必须严格要求自己，勤奋努力，踏实上进。

古人云，"青，取之于蓝，而胜于蓝；冰，水为之，而寒于水。"假如一个员工能够严格要求自己，每天都让自己比昨天做得更好一些，更进步一些，能够在工作中做取之于蓝的"青"，做寒于水的"冰"，能够事事有进步，将工作做得更好。

或许每个人都拥有难以预测的潜力，那些说万事"差不多就行"的人，等于浪费了自己的潜能。换言之，只有以"完美主义"的态度来进行工作，才能把自己的潜能和智慧最大限度地发挥出来。但是，有些人本来就有很不错的能力，却因为不具备尽责的品质，在工作中经常出现错误，结果让自己的前途毁于一旦。所以，事业上要想成功，就应该想尽一切办法把自己的工作尽可能做到更加出色。

将那些平常的、细小的工作认真地做好，才有可能使人慢慢地走上更重要的岗位，并创造出更高的效益。平时奉献出来的执着和辛劳，可以使我们进入到升职的大门。在工作时，只有做得比一般人更好、更快速、更正确、更有激情，你才能不断地发展和成熟。

只有持续不断地努力，超越对手，超越自我，才有可能做好工作，取得良好的业绩，摘取成功的硕果。

美国商界大佬杰克·韦克奇坦言："员工的成功需要一系列的奋斗，需要解决一个又一个挫折。所以我们要时刻准备着超越自己，战胜困难。"

骄傲自满是一种个人主观主义情绪，这种情绪对工作很不利。许多员工在没有取得一点业绩的时候，发奋努力，像老黄牛一样勤勤恳恳地工作；

而一旦有一天取得一点儿业绩之后，就骄傲自满、得意扬扬起来。这种容易骄傲的性格只能让他们自己重新回到以前平庸的阶段。

百货业举世闻名的推销员爱莫斯·巴尔斯是一个具有进取精神的人。直到老年，他依然保持着活跃的大脑，不断产生出令人赞叹的新想法。每当别人对他取得的辉煌业绩表示祝贺时，他都不会把这些放到心里去，他总是会高兴地说："你来听听我目前这个新的构思吧。"他九十多岁时不幸患了癌症，当有人给他打电话表示安慰时，他却一点儿也没有悲伤的情绪："你看，就在现在，我又有了一个奇妙的想法。"在病重之时都不忘多想一些，可见其对自己要求之高。

在激烈的职场中，我们也需要对自己严格要求。其实，摆在我们面前的路只有两条，要么进取，要么出局，绝对不能让自己停留在现有的阶段上。

因为只有不满足于当前，期望更大程度地发挥，才能帮助我们不断取得新的成就。

那些在事业上取得辉煌业绩的人，都是抱着"努力进取"的心态，奋力前进的。

成功的人在达到自己心中的目标后又接着设定下一个新规划，再次接受无限的挑战，直到完成任务为止。以前的目标实现后，又怀揣新的理想，向更远、更深、更专业的领域，迈开自己的脚步。他们对每天的点点滴滴能感受到一样的快乐，一直保持昂扬的斗志，精力高涨、日复一日地昂首奋斗，无论在任何时刻都不会丢失自己的热情和耐性。他们每时每刻都在为自己新的目标努力奋斗。

21世纪是一个缤纷多彩的世纪，长江后浪推前浪，一代更比一代强，假如你始终是在原地踏步，不思进取，那么很不幸，社会的大潮就会把你抛在岸头，后辈也会迅速赶超上来。只有改变自己的固有思维，改变陈旧的思维模式和行为模式，才有可能让自己更好地发展。

其实，超越自己并没有那么困难。我们回过头来看一看，生活中有多少看似高远的目标已经被实现了。而整个人类社会都是在不停地超越，从蒸汽时代到电气时代，从电气时代到电子时代，人类因超越而变得更加伟大。同样，假如我们在岗位上能够不停地超越自己，那么就算岗位再平凡，我们也能够创造出一个不平凡的自己，创造出属于我们自己的辉煌。

 敬业能让平庸变为卓越

在这个社会，并不是所有人都能够成为商业名流，我们大部分人只能是在一个平凡的岗位上去创造自己的价值。但岗位的平凡只是相对而言的。一名优秀的员工可以在平凡的岗位上造就不平凡的自己，而对于那些庸庸碌碌混日子的人来说，岗位再好，他们可能也无法造就辉煌。

敬业就是热爱自己的工作岗位，热爱本职工作，敬业就是要用一种恭敬严肃的态度对待自己的工作。敬业作为最基本的职业道德规范，是对人们工作态度的一种普遍要求。

敬业是人类社会最为普遍的奉献精神，它看似平凡实则伟大，它看起来简单，做起来却很难。

作为一名劳动者，我们为什么要敬业呢？我们可以从两个方面来理解。

第一，企业需要具有敬业精神的员工作为支撑。一家企业如果没有一批具有敬业精神的员工存在，那么一定是走不远的，也不可能有长久的发展。因此，从企业层面来说，企业需要敬业精神。

第二，我们个人也需要爱岗敬业。不光是企业需要具有敬业精神的员工，我们个人也需要敬业精神来让自己得到提升。

我们都知道，现实社会中每一个工作岗位都是客观存在的，一个社会，现代化程度越高，分工也就越明细，对从业工作者的人员素质要求也就越高。我们以铁路为例，想要维护整个铁路系统的正常运转，需要高层的经理，也需要装车工、卸车工和维修工。试想，如果这些普通的工人没有敬业精神，从企业方面来说，整个铁路系统还能正常运转吗？而从个人角度来说，假如他们没有敬业精神，他们还能够让自己的工作变得优秀，让自己的事业生涯走向卓越吗？

当然不能，因为具有敬业精神是唯一能让一个人从平庸走向卓越的品质。

有的人或许会觉得，在平凡的岗位上能做出什么卓越的成就？只有那些身处高位的人才能做出不平凡的事迹。但事实真的是这样吗？

著名劳动模范、全国三八红旗手李素丽用她的事迹告诉我们，只要你足够敬业，那么也可以在普通的工作岗位上做出精彩的事迹来。

李素丽原本是公共汽车司机的女儿。上高中时，李素丽的梦想是当播音员。高考时，李素丽按照自己的意愿报考了北京广播学院。但是她以12分之差没能考上大学。落榜后的李素丽，到公交60路汽车当了售票员。李素丽在父亲的教育下，在周围同事的感染和帮助下，渐渐地爱上了售票员工作。

后来，李素丽又从 60 路调到 21 路。换了一趟线路之后，李素丽通过多年的实践和一点一滴的积累，练就了能根据乘客的不同需求，给他们最需要的服务的本领。上班族急着按时上班，李素丽见到他们追车就尽量不关门等他们；老幼病残孕，最怕摔怕磕怕碰，李素丽就主动搀上扶下；遇到不小心碰伤的乘客，她赶紧从特意准备的小药箱里拿出常备的"创可贴"；中小学生天性活泼，李素丽总要提醒他们车上维护公共秩序，外地乘客既怕上错车，又怕坐过站，李素丽不仅百问不烦，耐心帮他们指路，还记着到站提醒他们下车；遇到人生地不熟的乘客，李素丽从来不跟他们说"东西南北"，而是用"前后左右"指路，让乘客更容易明白；车下注意交通安全；遇到堵车，她就拿出报纸、杂志给乘客看，以缓解他们焦急的心情；看到有人晕车或不舒服想吐，她会及时地送上一个塑料袋……。

李素丽就在这平凡的岗位上，用自己日复一日的劳动给人们带来真诚的笑脸、热情的话语、周到的服务和细致的关怀。李素丽售票台的抽屉里总是放着一个小棉垫，是她为抱小孩的乘客准备的，有时车上人多，一时找不到座位，李素丽就拿出小棉垫垫在售票台上，让孩子坐在上面。她的售票台旁的车窗玻璃在进出站时总是敞开的。即使下大雨，她也要把车窗打开，伸出伞遮在上车前脱掉雨衣、收拢雨伞的乘客头上。李素丽习惯在车厢里穿行售票，尽管总是挤得一身汗，可她却说："辛苦我一个，方便众乘客。"

具有敬业精神的员工是很容易在岗位上做出成绩来的。这个道理很简单，一个人只要在自己的岗位上几十年如一日认真地工作，那么他一定可以逐渐成为这一行里的精英，成为最有话语权的那一拨人。

因此，敬业精神更多的是给我们自己带来改变。

首先，具有敬业精神的人能够从工作中学到更多。敬业就意味着认真负责，他承担的责任要比一个不负责任的员工多得多，而在承担责任的过程中，个人本身的能力也能够得到历练。因此，也就能够学到更多，而这些都将是我们以后的资本。

其次，具有敬业精神的人能够将工作完成得更好。与那些敷衍工作的人相比，具有敬业精神的人可以将工作完成得更好，因为他们付出得更多，也更认真。而在这个看重业绩的时代，出色地完成工作任务无疑会让自己的履历更加出彩。

最后，爱岗敬业的品质能够让一个人变得更为可靠，变得更受青睐，自然而然地，他们就能够获得更多的发展和机会。在升职加薪的职场道路上，我们的可靠程度是一个重要的决定因素。而一个具有敬业精神的员工必定可以因此而获得更多的青睐。

全国总工会副主席、全国劳动模范许振超的辉煌人生也是从敬业开始的。

1974 年，许振超还只是山东省青岛港第二作业区机械四队的工人，但他对待工作十分认真，爱岗敬业，对工作不打丝毫折扣，他一直坚持"立足本职，务实创新，干一行，爱一行，精一行"的敬业精神，而他的这一坚持也让自己的人生轨迹发生了变化。

1984 年他被选为集装箱公司第一批桥吊司机，1989 年被公司评为最佳桥吊司机，1991 年担任桥吊队副队长，1992 年 10 月任桥吊队队长兼党支部书记。1997 年，许振超当上了山东省青岛港集装箱公司安全保卫部副经理。

此后，许振超的晋升之路也一直没有停止，在 30 年的时间，他的敬业精神让他平步青云，并最终在 2003 年当上了山东省青岛前湾集装箱码头有限公司工程技术部固机经理。

没错，敬业能够改变一个人的人生命运。有时候它带来的是一种荣誉，有时候它带来的是升迁。假如我们没有敬业精神，就算是在重要的岗位上也可能无法做出卓越的成绩来。

因此，我们说具有敬业精神是每一位优秀员工都应当具备的品质，因为有了敬业这一品质，我们才能够变得优秀，才能够让自己的事业从平庸走向卓越！

 你不是没有时间，而是不会利用时间

美国麻省理工学院曾经对 3000 个经理做了调查研究，发现凡是优秀的经理都能有效地安排和利用时间，使时间的浪费减少到最低。美国著名的管理专家杜拉克教授说："认识你的时间，是每个人只要肯做就能够做到的，这是一个人走向成功的必经之路。"

小张是一个大学毕业才一年的职场新人。他在一家润滑油公司从事销售工作。每个月头到月尾，小张都忙得不可开交。有时候，他甚至忙得没有时间理发、购物……，像一个陀螺一样连轴转，勤奋是够勤奋，但时间长了人还是受不了。一次，小张大学的老师在街上看到小张一副憔悴的模样，就问了他近况。在通过详细的了解后，老师告诉小张需要好好学习一下时间管理。

可能有人一听到"时间管理"这几个字就会误以为是必须要忙个不停。事实上，在短时间内做很多事确实是时间管理的手法之一，但却并非时间管理的全部。适当利用时间，增加悠闲时光，更是一种高明的时间管理。就像抽屉经过整理之后，虽然可以再收纳更多的东西，但不见得非要塞满不可。就算只放了七分满，只要能让抽屉里的东西好找好拿，就能给你带来舒适和便利，对工作的帮助就更不用说了。更何况，对剩余时间的管理还攸关着你的幸福呢。

珍惜时间不是人天生就具备的，但是一个人如果有心，他便可以督促自己珍惜时间，久而久之，习惯成为第二天性，就不必特意费神去关注了。但对于一些自制力差，管不住自己的人来说，就有必要在专家的指导下，有意识地培养科学合理的时间观，增加自己时间的利用效率。

要善于集中时间，不要平均分配时间。要把自己有限的时间集中在处理最重要的事情上，最好不要期望每样工作都抓，要有勇气拒绝不必要的事情。这意味着你每做一件事情，都要脚踏实地完成。很多人会反问："既然要充分利用时间，我多干些活儿有什么不对？"没什么不对的。但是你必须脚踏实地地完成每一件工作。

如果你接了第二个活儿就把第一个活儿给丢了，那你永远不可能做好事情的。一次只做一件事情，一个时期只有一个重点。聪明人要学会抓住重点，远离琐碎。应该把精力用在最见成效的地方，所谓"好钢用在刀刃上"。要懂得处理事情的轻重缓急，要懂得重点的事重点对待。

要善于处理两类时间。对任何人来讲，都存在着两类时间：一类是自由时间，归个人自由控制；另一类是"被动时间"，属于对他人和他事做出反应需要的时间，不由个人自由支配。这两类时间对个人来讲都是存在的，也都是必要的。在你进行各种计划时，你必须考虑到"被动时间"，如果你忽略了它的存在，那可能会造成不必要的麻烦。

要善于利用零散时间。你的时间可能会被自己的事情分割成很多零散的时间。你所要做的事情就是，珍惜那些不起眼的时间，并充分利用大大小小的零散时间，用来为你自己创造收入。例如，一个人难免会有等人、等车、买菜的时候，利用这些时间来整理思路或看书等也是充分利用时间的一种表现。

要有明确的目标。你应该已经明白，你的财富目标是你成为百万富翁的首要条件。在你明确了你的目标之后，你就可以大大节约时间。要成就一件事，必须有一个目标为向导，这样你才能少走、不走冤枉路，每一分每一秒都能好好把握住。每件事务的处理都是手段性的，都在为一定目标服务。明确目标，少走弯路，减少无谓的时间消耗，不要去处理重复出现的事情，是你应该养成的习惯。

要能安排好你的时间。着手把你每一天要做的事情记下来，别期望要靠脑子记，那样容易出问题。如果你还没有安排工作日程的小本子，就去买一本。你要养成这样的习惯：随时记下你的想法和计划，然后安排好实现这些想法和计划的时间。你必须立即行动，去实现你已经计划好的事情。今天要做的事情必须在今天完成，不要拖拉，这样做也会增加你的满足感和成就感。

要充分发挥每一分钟的效用。要充分利用每天的所有时间去做有实际效用的工作。要对照着你在工作日程本子上记录的项目去考虑问题，把有可能取得成果的每一件事都安排到日程里去，把工作时间的每一个空当都安排好事情，每一分钟都要利用。

做最重要的事情。一个小故事说明了这个问题。一个年轻的伐木工人身强力壮，第一天，他开始砍树时砍了十棵，第二天虽然也非常卖命，但是只砍了八棵，第三天更少。于是他越发卖力地砍树。这时，有一位老人走过，问他："你为什么不停下来，将你的斧头修一修呢？"年轻人抬起头说："我哪里有时间啊？我正忙着砍树呢。"这就是"磨刀不误砍柴工"的道理。很多人在生活中也像这位伐木工人一样，表面上看起来很忙，但是实际的效率却非常差。你首先必须做完对你目前来讲最重要的事情，接下来的事情才会顺手。

要学会利用工具。利用电脑可以使你快速得到所需的信息，减少重复的文字工作。利用记事本、通讯录、台历等工具将有助于你有计划地利用时间。

要学会避免争论。无谓的争论不仅影响情绪和人际关系，而且还会浪费大量时间，到头来还往往解决不了什么问题。说得越多，做得越少，聪明人在别人喋喋不休或者面红耳赤时常常已走出了很远的距离。

在经济学中，将人在选择后所丧失的其他机会中可能获得的最大利益称为机会成本。注意是"可能获得最大利益"。机会成本是经济学原理中一个重要的概念。任何决策必须做出一定的选择，被舍弃掉的选项中的最高价值者即是这次决策的机会成本。在你面临两件甚至多件事需要做选择时，要选择对公司"可能获得最大利益"的那件事。

时间管理不仅对职场人有意义，而且对任何人都有意义。时间管理实际也就是时间的一种规划，不论是职场人或是个体人，规划时间的观念越强，那么他就越早完成自己的终极目标。对时间的合理规划是人生踏上成功的关键之一。

 ## 始终比他人领先一步

具有敬业精神是要求我们在走上工作岗位、开始职业生涯时就应该具有的一种最基本的职业素养，也是我们一生都应当坚守的工作品质。具有敬业精神的基础是爱岗，只有热爱你的工作，你才能在这个位置上认真工作。

职业岗位是人生旅途拼搏进取的一个阶段，是实现人生价值的重要平台。爱岗，就是热爱自己的工作。面对上司安排的工作，不能推脱不干，不能找理由，你必须得完成它。但是，只完成还不够，爱岗还需要有热情，自觉主动地完成，追求卓越。

我们经常在大街上看到辛勤工作的清洁工人。清洁工作脏吗？累吗？对很多人来说，这项工作又脏又累，甚至感觉到扫大街很没有面子。可对优秀的清洁工人来讲，他们不会有这样的感受。因为有足够多的理由促使他们去做这件事：第一，城市需要他们，需要他们用劳动保持路面的整洁。第二，这是他们的本职工作，他们敬畏它，使路面保持清洁是他们的职责。

　　敬业，其实就是一种奉献的写照，把个人的利益放在集体的利益、国家的利益之后。奉献精神，是爱岗敬业的体现。只有具有敬业精神的人，才能在自己的工作岗位上认真刻苦、兢兢业业、不断超越，才能为自己和公司做出业绩，为国家和人民做出贡献。

　　有人或许会这样认为，重要的岗位更能调动人的积极性，而那些简单的岗位很难让人产生敬业之心，实际上并不是这样。

　　我们要知道，工作没有本质的差别，劳动最光荣。不要认为你的工作岗位很渺小，就可以敷衍了事，就做不出非凡的成就来。殊不知，时传祥是淘粪工人、王进喜是石油工人、李素丽是公交车售票员……，他们中的哪一个不是在平凡的岗位上做出了不平凡的业绩？

　　敬业其实并没有那么难。假如你是公司最底层的一个业务员，天天在大街上与各种顾客交流，你笑容满面，把公司的产品用最和气的语言介绍给别人，赢得大家的喜爱，那你就做到了敬业。假如你是一个工厂的文员，那么整理好每一份资料，保证没有一个错误，这也是敬业的体现。只有在平凡的岗位上表现优秀了，你才能在不平凡的岗位上取得更大的成就。

　　那么，具体来说，我们怎么样做呢？

　　第一，把工作当事业。铭记一句话，任何工作都是有意义和价值的。对个人来讲，这是为自己的事业奠定基础的；对公司来说，人人都敬业就会形成一股凝聚力，这股凝聚力必定会推动企业的进步。

　　第二，要有团体合作的理念。在这个世界上，没有完美的个人，只有完美的集体。没有众人的帮助，一个人根本不可能独立完成一项计划。

　　第三，要自觉主动地去工作。不要等上司为你安排，不要等别人来抱怨你。工作中应该勤快，做事不拖拖拉拉。

第四，一定要有强烈的责任心。把单位的事情当作自己的事情，主动承担责任，不要为失败找任何理由。

此外，我们还要爱惜自己的工作，不要总是三心二意。爱惜自己的工作，也是敬业的表现。

意大利著名高音歌唱家帕瓦罗蒂曾经经历过这样一件事。当年轻的帕瓦罗蒂从师范学院毕业后，他问父亲："我是选择当歌唱家呢，还是当老师？"父亲回答他说："你如果想同时坐在两把椅子上，只会从椅子中间掉下去。你只能选择一把椅子坐。"同样的道理，假如你选择了多个工作，那么，到头来只会一无所获。你不爱惜自己的岗位，想着其他的工作，自然会有人来取代你。只有认认真真地充分利用自己在岗位上的每一天，努力进取，奋发有为，才能获得人生的辉煌。

敬业是推动公司发展的必然需要，也是每位职员实现个人抱负、取得个人成功的必由之路。一个人要想在工作上取得成功，在职业之路上赢得辉煌，就必须具有敬业的品格和道德，并为之努力地工作。在行使好工作职责的进程中，体会和寻觅到自己的思维。投机只会有一时的快乐，踏实肯干才能得到一致的肯定和支持。

敬业是每个员工必备的职业素养。对工作兢兢业业，就是敬业精神的具体表现。有高度责任心，工作态度始终如一富有热情，认真地对待本职岗位，尽心尽力地投入工作，这样的员工是具有敬业精神的员工，是最可敬的员工。

其实敬业说到底还是一种责任承担，因为一个能够主动承担责任的人需要有敬业之心，相反，假如一个人没有承担责任的意识，那么他就很难说是一个敬业之人。

　　某地一家大型餐饮连锁公司打算招聘一名行政总经理。招聘公告一发出去，求职电话便应接不暇。面试当天，一下来了两百多人，厨房里挤满了准备要面试的大学生。面试进行了整整一个下午，从始至终，厨房的洗碗间有一个水龙头一直在"哗哗"地流着水，可是竟然没有一个人主动去关掉它。

　　最后，董事会宣布，这次前来面试的人没有一个达到企业的要求，所以一个也没有录取。事后，有人问其缘由，这家餐饮机构的董事长说："我们只是希望找到一个敬业的人，可令人悲哀的是，这样的人真是不多见啊，连水龙头都不去关的人我能录用吗？"

　　对公司来讲，职员的能力很重要，然而更重要的是，员工是不是具备责任心，是不是能在自己的职位上认认真真，是不是能把工作当成自己的事来看待。

　　责任是我们每个人都需要承担的，没有人能够逃避。复杂的社会关系中，到处都是责任。只要你工作了，就表示你对这份工作有责任。坚守责任就是坚守我们自己最根本的做人的道德。在这个变幻莫测的环境里，没有不需要承担责任的职位，也没有不需要完成任务的工作。因此，在工作中我们要尽心尽力，把所有的事情做好。

　　一个职员的责任心会产生很大的影响力，能使公司在竞争中处于优势地位。

　　海尔公司的一位职员说过这样的话："我会随时把我听到的、看到的对我们海尔公司产品的建议记下来，不管是在和朋友的聚会上，还是走在街上听陌生人说的。原因是作为一名职员，我有义务和责任让我们的产品更好，有责任让我们的企业更成功、更美好。"这就是海尔公司员工的责任意识，这就是海尔的产品能够畅销全球的重要秘诀。

责任来源于对事业的热爱。假如你不能把工作当作一份事业来看待，那么责任就无从说起。著名作家托尔斯泰说："一个人假如没有热情，他将一事无成，而热情的基础正是责任心。"所以，尽责就要敬业，工作需要激情。只有真心认真、激情四溢，才会心潮澎湃地做一番事业。

责任来源于对价值观的追寻。人生价值需要依靠工作来实现，它取决于负责任的态度，更得益于负责任的行为。无论在什么岗位上，我们都应该兢兢业业地承担起属于自己的责任，成为一名具有敬业精神的好员工，最终成就非凡的自己。

第七章

解决问题才是硬道理

工作精准到位就是敬业

强大的执行力是具有敬业精神的一个重要组成部分，一个具有敬业精神的员工一定是一个执行力很强的员工。而在企业当中，有执行力的员工也一定能够让自己的发展道路变得更加通畅。而一个没有执行力的人是无法在工作中实现自我突破乃至蜕变的，更别说爱岗敬业了。

美国通用电气公司（GE 公司）看重的是员工落实点子的能力，而不是能想出多少好点子。"你做了多少"是 GE 公司评价员工的核心观念。新员工进入 GE 公司，公司会在员工的入职教育中告诉他们，在 GE 公司的企业文化中，"你做了多少"是最重要的。即使你是哈佛大学的高才生，即使你有最出色的机会，一旦进入 GE 公司，他们只关注你的成绩，只关注你做了多少。

一次，海尔举行全球经理人年会。会上，海尔美国贸易公司总裁迈克说，冷柜在美国的销量非常好，但冷柜比较深，用户拿东西尤其是翻找下面的东西很不方便。他提出，如果能改善一下，上面可以掀盖，下面有抽屉分隔，让用户不必探身取物，那就非常完美了。会议还在进行的时候，设计人员已经通知车间做好准备，下午在回工厂的汽车上，大家拿出了设计方案。

当天，设计和制作人员不眠不休，晚上，第一代样机就出现在迈克的面前。看到改良后的产品时，迈克难以置信，他的一个念头17个小时就变成了一个产品，他感慨地说："这是我所见过的最神速的反应。"

第二天，海尔全球经理人年会闭幕晚宴在青岛海尔国际培训中心举行，新的冷柜摆在宴会厅中。当主持人宣布，这就是迈克先生要求的新式冷柜时，全场响起热烈的掌声。如今，这款冷柜已经被美国大零售商西尔斯包销，在美国市场占据了同类产品40%的份额。

现代许多职场人一味地强调忙碌，却忘记了工作成效。做事并不难，人人都在做，天天都在做，重要的是将事做成。做事和做成事是两回事，做事只是基础，而只有将事做成，你的工作才算真正完成了。如果只是敷衍了事，那就等于在浪费时间，做了跟没做一样。这就是很多看起来从早忙到晚的人却忙而无果的重要原因。

做了并不意味着完成了工作，把问题解决好，才称得上是合格地完成了工作。所以，我们要想有好的发展，在工作时就不能将目光只停留在做上，而应该看得更远一些，将着眼点放在做好上。日事日清的员工只有把做好作为执行的关键，才能圆满地完成工作任务。

不可否认，每一位处于公司管理层的老板或者上司都希望令出必行，行之有效，得令的小兵小将们除了又快又好地去执行刚刚接手的工作任务，还有其他更能契合老板当下心意的良方吗？

所谓的"执行力"其实也是一种能力，一些资历深厚的HR在招聘员工的时候总是将执行力看作一个非常重要的衡量指标。在他们看来，身为一名员工，能不能按质按量地完成手头上的工作往往决定着一个人的工作效率。一个拥有高执行力的员工，其工作效率自然优于众人，他所创造的工作业绩同样也出类拔萃，鹤立鸡群。

王明山是一家广告策划公司的老板，公司不大，所以他经常需要兼职面试官的工作。

有一次，一位叫谭天豪的年轻人到公司面试，王明山当时要求他在三天之内撰写出一份 5000 字的文字稿件，他当时收到考验之后，立马就回去做了精心的准备。王明山原本以为他会在第三天交给他这份稿件，没想到第二天下午，谭天豪就将稿件稳妥地交到了他的手上。

当时王明山心想，谭天豪完成稿件的速度确实还行，但是写出来的东西也未必就是精品。

然而，再次让王明山大感意外的是，谭天豪撰写出来的稿件确实文采飞扬，幽默感十足，应该搜罗了不少的资料，花费了较多的心血。看着他红通通的双眼，王明山顿时觉得这个外表看起来略显青涩的男生，骨子里其实镌刻着果敢和迅速的精神气质。

事实证明，王明山的眼光是正确的，这些年来，谭天豪优秀的工作表现的确让人佩服。他从企划部一个小小的文字编辑做起，不到五年的时间，就到了企划部部长的职位，这在人才济济竞争激烈的公司里并不是一件容易的事儿。

公司其他领导一提到他，也总是赞不绝口。尤其是他超强的执行力，一次又一次地赢得了公司老板的信任和肯定。作为企划部部长，他原本可以不用亲自操刀高层领导的演讲稿，但是他每次还是会主动请缨，最后要么自己独立完成，要么协助属下润色好稿子。直到现在，他经手过的任何文字稿件都没有出过差错，这不得不让人惊叹。

　　既然有执行力的员工是企业梦寐以求的，那么每一位职场人士就是替领导圆梦的士兵。因此，如何在工作中提升自己的执行力，成为像谭天豪那样具有敬业精神的员工，自然也成了迫在眉睫之事。

　　具体来说，我们需要在工作中做到以下几点。

　　首先，我们一定要增强自己的责任意识和进取心，因为它们是做好一切工作的首要前提，缺少它们，我们就只会像个懒鬼一样站在原地不动，最终无所作为。

　　其次，一定要讲究效率。在工作中要做到只争朝夕，提高自己的工作效率，坚决杜绝办事拖沓的恶习，尽快完成好自己当日的工作。

　　最后，我们必须脚踏实地，在追求工作速度的同时，保证好工作的质量。因为在公司领导的眼里，一件事情要是没有办成功，我们就算有再多的苦劳最终也是一场徒劳。

　　总之，我们要是没有执行力，公司高层领导的决策就没有办法转化成具体可观的经济效益，我们也无法成为一名合格的具有敬业精神的好员工，更无法让自己实现从优秀到卓越的蜕变。因此，我们需要从现在开始，锻炼自己的执行力，让自己成为一名拥有超强执行能力的好员工！

现在就干，马上行动

毫无疑问，避免拖延的唯一方法就是不给拖延留下任何生根发芽的机会，简单来说，就是遇到事情立马去做。一旦我们开始付诸行动，那要不了多久，我们就会发现，原来成功就近在眼前。

任何一个老板都不会需要一个只会唯唯诺诺而且拖拖拉拉的平庸员工。一名员工如果只是在口头上服从，行动上却在迟缓，经常推两步才走一步，执行很不得力，就是一种拖延的体现。他们对上司的命令不断地敷衍和应付，甚至可以说是在消极拒绝。他们总是为自己没有完成某些工作寻找五花八门的借口，或者编造各种理由蒙骗公司，替自己辩解，逃避惩罚。

很多人在拖延一件事情时，会习惯性地找一些借口。而这些借口并不是为了说服别人，而往往是为了安慰自己，甚至是欺骗自己。当我们想去拖延或逃避一件事情的时候，总能找出一万个理由，而当让我们去做一件事情的时候，却找不出一个理由来把事情做好。我们总是把事情想得太困难，觉得它太浪费时间，而从来不去考虑，如果自己再努力一下，事情也许会变得简单和容易。

所以，请每个人仔细想一下，自己是不是一个不敢对一件事情做出承诺的人，这种人一般都难以接受别人对自己要做的某件事情或是某项工作规定完成的时间。

秦飞毕业于某重点大学。他找了一份在一家设计公司设计工程图纸的工作。

秦飞做事喜欢拖拖拉拉，但是他自己并没有感觉到拖拉的危害性。就这样，他这个缺点一直没有改变。

有一次，董事长交给秦飞一个任务，让他在两天之内完成一个重要的图纸。本来按照真实的水平，秦飞完全可以在规定时间内完成任务，但是，他又犯起了做事拖延的毛病。

一天半的时间很快就过去了，还剩最后一个下午了，没想到，就在这时，公司突然停电了，秦飞无法进行工作。等规定的时间到了，秦飞最终没能完成任务，给公司造成了巨大损失。

事后，董事长狠狠地批评了秦飞，最后把他开除了。

生活中，我们时常听见有人说："如果我当时那样做，早就发财了！"然而，天下没有卖后悔药的，一个人之所以没有成功，并不是因为当时没有看到商机，而是明明看到了商机，最后却因为自己的拖延和懒惰没有抓住宝贵的机会。这种人不管做什么事，往往都有拖延的毛病，他们整天只知道沉浸在不切实际的幻想中，以为天上能掉馅饼，他们永远都不明白，如果自己不能脚踏实地付诸行动，那么幻想只可能是幻想，并不能给自己带来任何好处。

打个比方，一个人如果仅有一张地图而迟迟不肯动身，那无论这张地图有多么详细，多么精确，它都不可能带着他周游世界。要知道，真正能让我们周游世界的只能是自己的双腿，换句话说，迈开实质性的一步远比详细的计划要来得重要。

我们每个人都要明白，创造财富的永远不是智慧的书籍，而是我们的行动。再宏伟的职业生涯蓝图，也永远不可能自动成为现实，所以，如果我们有了梦想，就要用最积极的行动去实现，只有这样才能使规划、计划、目标具有意义，才能将梦想变成现实。

无论是在工作还是在生活中，不管是大事还是小事，我们都应该立即着手去做，都应该立即行动，绝不能拖延。毕竟那些能够取得成功的人，通常都是能够积极工作的人，这种人能在瞬间果断地战胜惰性，积极主动地面对挑战。

我们都知道，拖延是人的惰性。习惯拖延的人，一旦自己要付出行动，就会为自己找出一些借口来推脱，来安慰自己，来欺骗自己，让自己能够心安理得地享受轻松。而有些人意识到自己的自欺欺人后，很快又陷入了思维的激战，一会儿觉得应该做，一会儿又觉得不应该做，如此一来，被主动和惰性拉来拉去，不知所措，无法定夺，时间和精力就这样浪费掉了。

相信很多人都有过这样的经历。每天当闹钟将我们从甜美的睡梦中惊醒时，我们就在纠结着，今天还有很多事情要做，可是被窝里很温暖，于是我们一边不断地对自己说，该起床了，一边又不断地给自己寻找借口，再睡一会儿吧。于是，在忐忑不安之中，又躺了五分钟，甚至十分钟……。毫无疑问，当拖延养成习惯后，我们就很难再摆脱它了，然后，它就会日复一日地浪费我们的时间和精力，消磨我们的意志，从而使我们对自己产生怀疑，失去信心，并最终因为优柔寡断葬送自己美好的未来。

其实，很多人有所不知的是，一个人做事之所以会拖延，不仅仅是因为懒，有时候也是因为考虑过多、犹豫不决。当然，做事情谨慎一点是好事，但是也不能过于谨慎，因为过于谨慎就是优柔寡断。要知道，有些事情是没必要谨慎的，比如早上起床，这样的事是没必要过多考虑的。如果前一天已经计划好了要做什么事情，那就应该毫不犹豫地起床。

总之，我们要做一件事的时候，就应立即动手，不给自己留多余的思考时间，从而避免自己产生拖延。毕竟，对付惰性最好的办法就是从源头上杜绝惰性的出现。具体做法就是，当头脑中冒出各种顾虑和疑问时，我们就要意识到这是惰性在蠢蠢欲动了，这时，我们要做的就是将其扼杀在摇篮里，坚定不移地继续自己的工作。

其实，工作就好像是在打一场球赛，我们的对手就是时间。所以，面对关键性的比赛，我们不能有一刻的犹豫不决，否则我们就会被时间淘汰出局。而只要我们不犹豫，不拖延，立即行动起来，那我们最后就还有很大的获胜可能。

要知道，一个人对生命最不负责的一句话就是："留到明天再做吧。"

"明日复明日，明日何其多，我生待明日，万事成蹉跎。""明天"永远都不会来，因为来的时候已经是"今天"。由此可见，只有今天才是我们生命唯一可以把握的一天；只有今天才是我们生命中最重要的一天；只有今天才是我们可以用来超越对手、超越自己的一天。希望永远都在今天，希望就在现在。处理工作的时候，我们不要把希望寄托在明天，不要拖延，立即行动！只有行动才会让我们的梦想变成现实，只有行动才会让我们坐上成功的宝座。

对一个勤奋的艺术家来说，当他产生了新的灵感时，他就会立即把它记下来——即使是在深夜，他也会这样做。因为只有这样，他才不会让任何一个灵感溜掉。其实，对待工作，我们也要像艺术家对待灵感一样，不管何时何地，都不能放任自己的拖延和懒惰，一定要立即行动起来。

遇到问题并不可怕，可怕的是我们在面对问题时选择拖延和懒惰。所以，无论我们现在做什么样的工作，都应该立即行动，要知道，滴水也能穿石，一个小小的行动，往往会带来意想不到的结果。

在这个世界上，到处都有只说不做的人，他们对于未来只是在想，只是在拖延，从来没有采取过任何有效的行动。譬如在我们的工作中，有些人每到月末或者周末，甚至一年的末尾，都会去制订很多美好的计划，但第二天却没有开始行动。就这样，等到了下一个周末、月末和年末的时候，这些人都一事无成，究其原因，就是因为他们没有采取行动。

众所周知，再小的一件事也是需要我们付诸行动才能完成的，尤其在工作中，一分耕耘，才有一分收获。如果我们想要有所成就，迈向成功，就必须从现在起，拒绝拖延，立即开始行动！

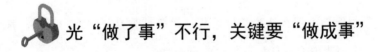

光"做了事"不行，关键要"做成事"

在职场中，面对同一份工作，有的人工作起来得心应手，诸事顺利；有的人却不尽如人意，怨声载道。请问，大家做的事明明都差不多，为什么最后会出现这两种完全相反的结果呢？

原因就在于前者总是能自觉承担责任，自动自发地去执行任务；而后者就好似"算盘珠子"，拨一下动一下，不拨他就不动，这种人做事向来懒于思考，疲于行动，眼里根本就没有活儿，就算上级给他们安排了工作任务，他们也会随随便便应付了事。可以说，被动消极是贴在他们身上的最恰当的标签。

当然，我们必须要搞清楚，主动执行并非一句简单的口号或是一个简单的动作，而是要充分发挥自己的主观能动性，在接受工作任务后，尽一切努力，想尽一切办法，把工作做到最好。

董明珠——珠海格力电器有限公司副董事长兼总裁，中国空调界一个举足轻重、掷地有声的名字。很多人都好奇她为何会如此成功，也许我们可以从她一件小小的事件——"主动讨债"中找到答案。

初到格力电器时，董明珠只是一名最底层的销售人员，她被派到安徽芜湖做市场营销工作。当时，她的前任留下了一个烂摊子：有一批货给了一家经销商，但经销商很长时间都不肯付货款，几十万元的货款一直收不回来。

其实，公司并没有把收款的任务交给董明珠，所以按理说，她完全可以对此撒手不管，一门心思把自己的业务开拓好就可以了。

可董明珠却不那么认为，她心想："既然我是公司的一分子，那别人欠公司的钱，我就有责任把这笔钱收回来。"

就这样，她跟那家不讲信誉的经销商软磨硬泡，经过几个月的努力，虽然没要到货款，但总算把货要回来了。

让董明珠没想到的是，这次"多管闲事"的讨债行为，刚好让公司见识了她的工作能力。很快，她就从基层员工中脱颖而出，坐上销售经理的位置。在后来的工作中，董明珠继续展示着她对责任的自觉担当以及对工作的超强执行力，这一切将她推上总裁的宝座。

可以看到，董明珠的成功并非偶然，她对责任的自觉承担以及她对工作的主动执行，才是她最终获得成功的根本原因。著名成功学家拿破仑·希尔曾经说过："主动执行是一种极为难得的美德，它能驱使一个人在没被吩咐应该去做什么事之前，就能主动地去做应该做的事。"

众所周知，执行是实现目标的关键，任何好的计划都需要员工高效地执行来完成，能否完美执行是考验一个员工能否成为优秀员工的条件。而员工自身执行力的高低，也直接决定了他们的职场前途。

纵观现代职场，那些发展最快、成就最高的员工，往往都是将责任承担得最彻底、将执行做得最出色的人。因此，我们要想在事业上有所成就，就必须培养自己积极、主动、负责的工作精神，自觉地从被动执行走向主动执行，唯有如此，我们才能获得宝贵的机会，实现自己的人生价值。

杨军在一家商店工作，一直以来，他都认为自己是一个非常优秀的员工，因为他每天都会完成自己应该做的工作——记录顾客的购物款。于是，自信满满的他向经理提出了升职的要求，没想到经理竟拒绝了他，理由是他做得还不够好。

杨军感到非常生气，但又无可奈何。有一天，他像往常一样，做完了工作后，和同事站在一边闲聊。正在这时，经理走了过来，他环顾了一下周围，随即示意杨军跟着他。杨军心里很纳闷，他不知道经理是什么意思。就在杨军满头雾水之际，经理一句话也没有说，开始动手整理那些顾客预订的商品，然后走到食品区忙着清理柜台。

经理用自己的行动告诉杨军一个道理：如果你想获得加薪和升迁的机

会，那你就得自觉承担更多的责任，并积极主动地执行。当你养成这种自动自发工作的习惯后，你就可以用行动证明自己是一个勇于承担责任、值得信赖的人。

总之，岗位责任如果不落在执行上，那它就会变成一纸空文，没有任何的意义。一个出色的员工，应该是一个自觉承担岗位责任、积极主动去做事的人。

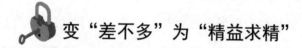

变"差不多"为"精益求精"

人都有惰性。如果你现在在一个平庸的职位上可以得到不错的待遇，并因此缺乏向更高职位努力的动力，那非常遗憾，因为你的进取心开始被消磨了。其实，你有能力做得更好。

如果你认为自己做得挺好，可以站稳脚跟了，别人也这么告诉你，那你应该听听这番话：其实你的薪水不算多，你要是不想争取更多，恐怕就连这点薪水也不能保住。现在的社会就像逆水行舟一样，不进则退，不做得更好，就会变得更差，甚至有的时候慢进也是退，你已经做得比较好了但是还会被淘汰。你知道有多少人在盯着你吗？那些能够做得更好的人，正等着把你挤下去呢。只有更好没有最好，你要想生存就得拼着命把工作做到自己的极致。

一天，一位管理专家为一群商学院学生讲课。他现场做了演示，给学生们留下了一生难以磨灭的深刻印象。

管理专家说："我们来做个小测验。"他拿出一个一加仑的广口瓶放在他面前的桌上。随后，他取出一堆拳头大小的石块，仔细地将石块一块块放进玻璃瓶里。直到石块高出瓶口，再也放不下了，他问道："瓶子满了吗？"所有学生应道："满了。"管理专家反问："真的？"

他伸手从桌下拿出一桶砾石，倒了一些进去，并敲击玻璃瓶壁使砾石填满下面石块的间隙。"现在瓶子满了吗？"他第二次问。但这一次学生有些明白了，"可能还没有"，一位学生应道。"很好！"专家说。

他伸手从桌下拿出一桶沙子，开始慢慢倒进玻璃瓶。沙子填满了石块和砾石的所有间隙。他又一次问学生："瓶子满了吗？""没满！"学生们大声说。他再一次说："很好！"

然后，他拿过一壶水倒进玻璃瓶，直到水面与瓶口持平。接下来专家发问："你们明白了什么道理？"同学们纷纷发言，最后，他笑着说道："你们的看法也是对的，但我认为这个演示说明的意思是，哪怕你做得再好，但只要你继续努力的话，你完全可以做得更好！"

作为一个职员，如果你想迅速获得提升，就找一些同事们啃不动的工作，去努力完成它。做好了，你就会脱颖而出。如果一个人做起事来总是精益求精，总是让别人惊喜，上司自然会注意到他，必要时自然会把他提拔到重要的位置。没有一个雇主不喜欢有上进心的下属，他们也在随时观察员工们的表现，你必须把经验、学识、智慧和创造力发挥得淋漓尽致，争取达到惊人的效果，为自己的发展创造条件，所以你没有理由不做得更好。

曹景行是著名媒体人，历任《亚洲周刊》副总编辑、《明报》主笔、亚洲联合卫视总编辑。1998 年加入凤凰卫视，其开创的《时事开讲》栏目，获《中国电视节目榜》"最佳新闻类节目"。激烈的媒介竞争使曹景行有"资料饥渴症"，每天的看报量要达 20 份左右，国内国外的报纸都有。每天"狂吃"的不但有报纸，还有新来的杂志，而且还边看边听电视。还要上网，去捕捉最新动态和突发事件。经常要立即选题、改题和定题，往往是边看边想。常常是为了 20 分钟的节目，他背后要花七八个小时的努力去准备。

曹景行最怕的是休假和出差。一到出差，就看不到港台报纸，信息量受到限制，等回去工作时心里就没底。为了保证新闻思维的连续性，就要立即补看落下的报刊资料。曹景行虽然已经是业界公认的大师级人物，但他深知传媒领域快鱼吃慢鱼的道理，所以 70 岁了仍然孜孜不倦地工作着，就为了把工作做得更好。

著名女歌唱家玛丽布兰有一个绝招，她能够从低音 D 连升三个八度唱到高音 D，这样的高难度技巧令人大为折服。一天，一位评论家忍不住请教了她成功的秘诀，玛丽布兰说："嗯，那可是我费了很大的力气才做到的。开始我为了练这个音花了很长的时间，那个时候，不论我在做什么，穿衣也好，梳头也好，我都在试图发这个音。最后，就在我穿鞋的时候，我终于找到了这种感觉。"没有这种为了艺术事业而追求极致的精神，玛丽布兰就绝不可能达到如此的巅峰状态。

刚有点儿小小成绩就浅尝辄止、安于现状、不思进取的人不会做出什么大成就。一个有崇高目标、期望成就大业的人，总是在不停地超越自我，拓宽思路，扩充知识，敞开生活之门，希望比周围的人走得更远。他有足够坚强的意志，激励自己做出更大的努力、争取最好的结果。

向困难挑战，敬业让你更勇敢

工作中，很多人都会遇到困难，人们面对困难时的态度也不尽相同。有的人敢于直面困难，有的人在面对困难时却是畏首畏尾。其实，当你把困难当成是成功对你的历练时，你将如凤凰涅槃，成为在困难面前无往不胜的勇将。而当你把困难看成是上天给的不幸、摧残时，它就是吓退你的障碍，等待你的将是危机重重，难以闯过的关卡。

而一名具有敬业精神的员工一定是一位能够直面困难，并向困难发起挑战的人。

事实上，工作当中存在困难是在所难免的，因此，我们需要在困境中努力磨砺自己，在反思中强大自己，在黑暗中看到阳光的自己。没有人能随随便便成功，在人生的道路上遭遇困难，在职场遭遇不幸，那是成功对你的磨炼。是勇敢应对，努力走出困境，还是意志消沉，左顾右盼不敢面对？你的选择将决定你今后人生的样子。

依靠智慧在困境的磨砺中自我反思，是对自己内心最真挚的回应，你能从困境的锻炼中成长起来。敢于接受心灵的回应，你就敢于面对，无论前方等待你的是什么，无论向前走的后果怎么样，你都会勇往直前，从困境中站立起来。作为企业的员工，假如我们有这种坚持不懈的精神，有这种不顾一切的魄力，那么就没有什么能阻挡我们突围困境了。

有一个小伙子，在幼年时，他有一个理想，盼望自己长大后可以成为一名优秀的赛车手。他曾开过卡车，培养出了很好的驾驶技术。

后来，他选择到一家农场里做司机。在工作之余，他参加一支业余赛车队的技能培训。只要遇到比赛，他都会竭尽全力参加。由于得不到好的名次，所以他在赛车上的收入几乎没有，而且还使得他欠下一笔数目巨大的外债。但是，他一点也不想放弃。

有一次，他参加了州里举办的赛车大赛。当赛程进行到多半程的时候，他位列第三，他有很大的希望在这次比赛中获得好的名次。可是很不幸，他前面那两辆赛车发生了相撞事故，他迅速地转动方向盘，试图躲避它们。然而由于车速太快而未能幸免。结果，他撞到车道旁的墙壁上，赛车在燃烧中停了下来。当他被救出来时，手已经被烧伤。医生给他做了几个小时的手术之后，才把他从死神的手里夺过来。

虽然性命是保住了，但是他的手却伤得很严重。医生告诉他："从今以后，你再也不能开车了。"

他没有因为医生的话而退缩。为了圆心中那个美好的梦想，他决定再试一次。他接受了一系列烧伤修复手术，为了恢复手指功能，他每天不停地练习，用其他手指去抓木棍，有时疼得浑身难以忍受，也依旧不放弃。

在做完最后一次手术之后，他回到了原来的农场，用开推土机的办法使自己的手掌重新磨出茧子，并不断练习赛车。

时间过去了十个月，他又一次回到了赛场！他先参加了一场非营利性的比赛，可是，他的车在中途却毫无征兆地熄了火。没想到，在接下来的一次全程 300 英里的汽车对抗赛中，他取得了亚军的好成绩。

又过了三个月，依旧是在这个赛场上，他满怀信心地驾车驶入赛场。经过多次激烈的争夺，他终于赢得了 300 英里比赛的第一名。

当他第一次以第一名的成绩面对呐喊的观众时，他流下了幸福的泪水。

很多粉丝纷纷上前将他围住，向他提出一个同样的问题："你在遭受那次沉重的打击之后，是什么力量使你重新振作起来的呢？"他只是微笑着用黑色的水笔在图片的背后写了一句话：把失败写在背面，我相信自己一定可以做到最好！

事实上，成功不是看得见摸得着的东西，它就像黑夜中那颗灿烂的星星，不是你想让它出现时，它就听从你的命令可以出现。当你一次次地战胜了挫折后，你就会明白，原来困难并不可怕，可怕的是我们没有面对困难、战胜困难的勇气。在工作中，正是身陷困境才让你不断得到磨炼，常常主动思考，时时反省自己，从而让自己在困境中得到磨炼，在反省中不断提升能力，一步步走向通往成功的道路。

成功很多时候是虚无缥缈的。在困难面前不屈不挠，不断克服工作中的一个个困难，聚精会神地工作，心无旁骛，以职业为重，勇于尝试，终有一日会取得成功。你会发现成功原来如庭院里枝叶茂盛、茁壮成长的柳树，正亲切地向你招手。

在工作中，我们会遇到很多危机和困难。面对这些不幸，我们需要的是不屈不挠的精神。只有经得起磨砺，把困难和不幸当成一种鼓励，不断找到解决困难的思路，在困境中强大，在苦难中成熟，让自己所做的工作见到成效，才能担当起更多责任，将自己磨炼成企业不可缺少的一面旗帜。

困难具有鼓舞人心的特点，当巨大的压力、不幸的变故等向一个人袭来时，隐藏在其体内的能量，才会突然喷涌而出。同样，工作中的困难会激发一个人的意志力，使其产生不屈不挠的动力，让人积极主动地去工作。我们应该想方设法解决困难，在战胜困难的过程中享受收获的幸福。

一位成功的企业家对向他请教的人坦言道，他在自己的事业上取得的每一个成功，都是与艰苦奋斗分不开的，那些不费力而得来的成功，让他感觉不安。他认为，克服障碍以及种种不足，从奋斗中获取成功，才可以给人以快乐的感觉。这位企业家很爱做艰难的事情。艰难的事情可以验证他的能力，考验他的智慧。他反而不喜欢容易的事情，原因是不费力的事情不能让他精神抖擞，不能充分展示他的才华。

要勇于和困难对抗到底，勇于在困难面前不后退、不胆怯。成功和失败、挫折与顺境，只是字义上不同，而在现实生活中，是紧密相连的整体。在人生的奋斗过程中，失败是成功的基础，困难是打开阳光大道的金钥匙。

张明轩是车间的一名基础操作员。他认为有些操作模式可以转变一下，以提高生产和工作效率。可是车间主任并不认可他这样做，而且还批评他做事不牢靠，太离谱。可是他没有放弃，没事就开始研究机械原理，从一些简单好下手的地方改进自己的操作方法。果不其然，他的工作效率是别人的好几倍，而且质量还得到大大的提升。于是，车间主任把他调到了机修车间成了一名机修工。

刚到机修车间，那些老员工对他的成就都不放在心上，还打击他、排挤他。有几次还故意把一些技术的难题让他来做，结果他没有处理好。操作工们向领导投诉他，说他技术不行。那段时间，张明轩受到了前所未有的冷遇，他甚至后悔当初自己不该太自不量力。他一下子瘦了下来，每天走进机修车间，就好比走进了牢笼，苦恼、厌烦、不安。

车间主任看到他的样子吓了一跳，还以为他生病了呢。有一次，下班后，车间主任买了些水果到张明轩的住处看望他。张明轩再也忍不住，哭着向车间主任讲明了原委，最后，他还自责地说："主任，我是不是错了？我是不是真的太不靠谱了、太自不量力了？我是不是注定了只能做一个操作工人？"

主任拍着他的肩膀微笑着说："不是，虽然那次对操作方法的改进，你是有些自作主张，但是你做得很好。你看厂里的工作效率和产品合格率都得到了很大的提升，我做了十几年的车间主任了，都没有发现这个问题。长江后浪推前浪，后生可畏啊，你不应该被目前的挫折所动摇啊！"

"但是，但是……。"

"没有那么多但是，我早就看到了，你这家伙是个人才，虽然书读得不多，但是爱动脑子，爱学习，将来的成就肯定在我之上。你现在需要的是面对困难的信心，而不是在困难面前唉声叹气，甚至感到难受。明轩啊，鼓起勇气来吧，看看自己的问题出在哪里，就从哪里做起，从哪里纠正。"

"好孩子，他们不是打击你，嫉妒你吗？你要放下架子和面子，先与那些老工人打成一片，得到他们的尊重和支持，问题不就解决了吗？"

张明轩这才猛然醒悟过来。于是，他马上打起精神，开始想法子与老工人联络感情，把自己当成他们的小辈，任由他们安排。慢慢地，他与这些人打成了一片，他认真学习每一个工人的技术，奋力克服工作中的一个个困难，终于成了机修车间名副其实的修理师傅。

后来，张明轩依靠在困难面前不屈不挠的恒心，战胜了很多困难，攻破了一个个技术上的难题。经过几年奋斗，他自己开了一家机械维修、改装公司，在他的努力下公司正在蓬勃发展。

　　一个具有敬业精神的员工不惧怕任何困难，也正因为如此，他们在工作中才能够解决一个又一个难题。如果一个人在遭遇一点困难之后就打算退缩，那么他就会永远被困在困难当中。爱岗敬业是一种对自我的高要求，也正因为如此，我们在培养自己爱岗敬业的习惯时一定会遭遇困难。从现在开始，我们应当让自己练就一副不惧困难的"身板"，并学会在困难中磨砺自己，为敬业打下基础。

第八章

遇到问题迎难而上

对成功的渴望让你充满力量

热情对每一个职场人士来说都很重要，如果我们对工作失去了热情，我们就无法在职场上生存。有了工作热情，我们能让自己永远都保持着高昂的工作斗志；有了工作热情，我们可以把枯燥乏味的工作变得生动有趣，永远都不会让自己感到无聊；有了工作热情，我们还能感染身边的同事和领导，让自己收获一段段良好的人际关系。

一个人如果充满热情地沿着自己理想的方向前进，并努力按照自己的设想去生活，他就会获得预想不到的成功。只要我们热爱工作，我们就能在工作中创造奇迹。

克劳斯是一家公司的推销员，是一个给人感觉忠厚老实的人，可就是缺少魄力。他是公司里业绩最差的职员。公司虽然很欣赏他的人品，但也只能考虑把他辞退。可是就在此时，克劳斯突然爆发出了令人不可思议的潜力。他开始认真地工作，销售额也慢慢攀升，一年后已经成为公司的明星销售员了，又过了一段时间，他竟成为行业销售领军人物。

在总结大会上，克劳斯受到了公司高层的夸奖。董事会主席给克劳斯授完奖以后，对克劳斯说："我从来没有这样高兴地夸奖过一个人。你是一个杰出的销售员。不过，你的营业额高速增长，这巨大的转变是怎么实现的呢？能不能分享一下你的诀窍呢？"

克劳斯性格内向，并不擅长演讲，他有点腼腆地说："董事长先生及各位先生女士们，过去我曾因为自己是个失败者而自暴自弃，这一点我记得很清楚。有一天，我看到一本书，上面写着'工作需要激情'，我忽然好像感受到了什么，觉得自己不能再这样下去了。我找到了以前失败的原因，那就是缺少工作的激情。我坚信，我会改变的。第二天一大早，我就上街从头到脚买了一套全新的衣物，包括西装、衬衫、内衣、领带、皮鞋、袜子等，我需要全面改变自己。回家以后我又痛痛快快洗了个澡，头发也剪短了，也把脑子里消极的东西全都洗出去了。然后我穿上刚买的新衣物，带着前所未有的激情出去推销。接下来，我的销售额上升了，也感到工作起来越来越得心应手。这就是我转变的过程，没什么复杂的。"

克劳斯的改变，只是由于他唤起了工作的激情而已。激情可以把一个人变成一个全新的人，这是一个多么令人赞叹的转变呀！事实上，很多人之所以工作做得不够好，甚至失败，就是和克劳斯差不多，缺少对工作的激情。假如你现在对自己所拥有的工作，自己所从事的职业，或是自己的定位都无法拥有一点激情，那你肯定无法将工作做好。

就算工作令自己很失望，也不要愁眉苦脸、碌碌无为，要学会控制自己的情绪，激发自己的工作热情，让一切都变得充满活力。

激情对于工作的作用是非常巨大的。一个拥有激情的人才能将工作做好。工作中有了激情，我们就可以挖掘出自身巨大的潜能；工作中有了激情，可以把乏味的工作变得快乐无比，使自己充满对工作的期望，使自己产生一种对事业进一步的追求；工作中有了激情，可以感染身边的人，建立良好的人际关系，组建一个强有力的集体；工作中有了激情，可以得到上司的赞赏和重视，获得更多提拔的机会。

热情确实是做成任何工作的必要条件，它能激活我们全身上下的每一个细胞，帮助我们完成心中最渴望的事情。

国王和王子打猎途径一个城镇，他们看见有三个泥瓦匠正在工作。国王问那几个匠人在做什么。

第一个人粗暴地说："我在垒砖头。"

第二个人有气无力地说："我在砌一堵墙。"

第三个泥瓦匠热情洋溢、自豪地回答说："我在建一座宏伟的寺庙。"

回到皇宫，国王立刻召见了第三个泥瓦匠，并给了他一个很不错的职位。王子问："父王，我不明白，你为什么这样欣赏这个工匠呢？"

国王回答说，"充满工作热情的人不会被手头的任务吓倒，而是用这种对结果的预期鼓励自己去努力，去克服可能遇到的各种困难。"

不难想象，这三个泥瓦匠若是生活在现代，第一个人仍然会"垒砖头"，第二个人可能成为一个工程师，而第三个人则会拿着图纸指指点点，因为他会成为前面两个人的老板。

如果我们对自己的工作充满热情，那么，我们不但能从中享受到快乐，还能在事业上大有作为。

然而，不幸的是，现实生活中，太多人对自己的工作缺乏热情。很多人早上从睡梦中醒来，一想到待会儿要去上班，心情立马跌落到谷底。等磨磨蹭蹭地到达公司后，他们又开始无精打采地开始一天的工作，好不容易熬到下班，他们才一扫低迷的情绪，变得精神抖擞起来。

在他们的眼里，工作只是自己养家糊口的差事，老板出钱，自己出力，属于等价交换，完全没必要太过认真。所以，抱着这种不负责任的消极心态，他们没有一丝工作热情，平时只像老黄牛拉磨一样，别人催一下，自己动一下，懒懒散散，得过且过。

毫无疑问，这种员工最不受老板的欢迎。要知道，在企业里，老板最喜欢的永远是那些在工作中充满了热情的员工，因为他们不仅能将自己的工作做到最好，还能带动周围的人更加努力工作。

迪士尼还是一个年轻小伙子的时候，他就梦想着能够制作出吸引人的动画电影来。于是，他以极大的热情投入到工作当中去。为了了解动物的习性，他每周都亲自到动物园去研究动物。值得一提的是，在他后来所制作的动画片中，很多动物的叫声都是他亲自配的音，包括那个可爱的米老鼠。

有一天，他提出了一个构想，欲将儿童时期母亲所念过的童话故事"三只小猪与野狼"改编成彩色电影。但助手们都摇头表示不赞成，没有办法，迪士尼只好打消这个念头。但是迪士尼心中一直无法忘怀，后来，他屡次提出这个构想，都一再地被否决掉。

因为他有着一种无与伦比的工作热情，大家终于答应姑且一试，但是对它不抱有任何的希望。然而，剧场的工作人员谁都没有料到，该片竟受到全美国人民的喜爱。这实在是空前的大成功，它的主题曲立刻风靡全美国——"大野狼呀，谁怕它，谁怕它。"

通过迪士尼的经历，我们可以得出一个结论：一个人工作时，如果能以火焰般的热情，充分发挥自己的特长，那么，无论他所做的工作有多难，他都不会觉得辛苦，并且迟早有一天，他会成为该行业的巨匠。

所以，不管我们从事何种工作，都要时刻记住一个真理：热爱工作才能创造奇迹，热爱工作才能获得成功。当我们对工作倾注自己所有的热情时，就能成为该领域的专业人士，最后收获同事的欣赏和尊敬，以及领导的信赖和重用。

一个人一旦爱上自己的工作，就会全身心地投入其中。因为这样的人会把工作当成一种享受，这种内在的精神力量才是鼓舞人们认真工作、持续创新的动力。他们会不断提高自己的职业素养，在工作中完善自己、精益求精、不断进取。

学会在工作中寻找乐趣

人生不可能离开工作，人的一生中大部分时间都需要在工作中度过。工作不仅是为了赚钱，更重要的是我们需要在工作中实现自己的价值。所以，不应该简单地将工作视为赚钱的工具，我们要学会在工作中寻找快乐，只有这样才会在工作的时候学会享受，在这样的状态下，工作也会变得简单，因为工作成为快乐和幸福的事情。工作为我们的生命增加了乐趣。

一位著名的作家说过："人生的乐趣隐含在工作之中。"但是，实际生活中，越来越多的人在抱怨自己的工作，他们的工作不是自己喜欢的，也不是自己大学里学习的专业，感觉自己学到的知识没有用处，抱怨自己是英雄无用武之地。如果你总认为自己的工作不能和自己的兴趣相结合，那你肯定就不会享受自己的工作。你在工作中也是煎熬。所以，不管自己对工作是否满意，都不应该对自己的工作抱怨。就算你必须做些自己不喜欢的工作，也要寻找欢乐，学会用积极的态度去对待工作，这样你就会有收获。

在美国佛罗里达州桑福德市一个安静的小镇上，有一名厨师叫马克·鲍勃，他的烹饪水平一直不错，在一家叫好望角的餐厅做了两年的厨师。

幸运之神眷顾了他，他中了数百万美元的大奖。在经济危机的情况下，他成了小镇最幸运的人。中奖的那个晚上，他在自己工作的餐厅请客。他亲自下厨，和大家一起庆祝。

那个狂欢的晚上，所有人都尽情玩闹，只有饭店老板约翰有些难过，因为他得开始计划重新招聘一名厨师了，他想鲍勃肯定不会继续干这份工作了。

第二天，就在约翰拟好招聘广告之后，一个熟悉的身影出现了。鲍勃来上班了。鲍勃不但来继续工作，而且还风趣地说："我是厨师，你们休想把我丢进那些豪华会所。"

于是，鲍勃又吹着口哨开始了他的工作。很快，饭店里的食客渐多，当人们发现鲍勃依然在这里工作时，都很惊讶地向他挥手致意。

有人问他："鲍勃先生，你完全不必继续在这里工作了，为什么还要继续呢？"

他一手端着盘子，一手拿着勺子说："我从小就学习做菜，并在父母亲的反对之下坚持成为一名厨师，你大概知道我有多喜欢干这个了吧？而且，我在这里有像亲人一样的老板和同事，我们相处得非常快乐，他们让我人生的大部分时间都很快乐。我为什么要因为一笔意外之财而丢弃我热爱的事情呢？是的，我不能因为钱耽搁了我的快乐。"

其实，所有的工作本身都有着自己的乐趣所在，如果你喜欢它，然后努力去做，就一定会找到乐趣所在，重要的是你以什么样的态度看待它。实际上，每一个工作岗位都有它的快乐存在。当你努力在工作中寻找乐趣时，你会以积极乐观的态度进入工作状态。如此一来，那些无聊、枯燥的工作都会改变，自己的心理状态也会发生变化。既能提高自己的工作业绩，也会影响到你周围的其他同事，这样可以提高整个团队的工作效率，可以得到同事甚至老板对你的赞赏和尊重，对事业的发展有着积极的作用。

在一个偏远的小山村，有一位邮差。他从自己年轻的时候就开始在这里做邮差，每天奔波几十里的路程，多年如一日地重复着将各种信件送到村民家里。就在这样的状况下，20年转眼就过去了，沧海桑田，很多事物都变了，只是那条连接着邮局和村庄的小路还是老样子，从来没有垃圾，放眼望去，只有尘土。

这条路还要再走多久才是头啊？他不禁问自己。当他想到自己不得不要在这荒无人烟的路上，骑着自己的小破车度过自己的余年，心里便有了一丝丝的伤感。

后来有一天，他送完当天的信件，心情沉重地准备回去，正好路过一家卖鲜花的商店。

于是，他走进了这家商店，买了一些花种。而且，从第二天开始，他就带着这些花种撒在自己每天经过的那条小路上。

一天天过去了，一年年过去了，他每天都在坚持着将花种撒向路边。

不久之后，那条他走了20年的小路，开始从荒凉变得充满生机，路边开放着颜色各异的小花儿。不同季节也都开着不同的花儿，漂亮极了。

开满小路的花散发着香气，走在路上的村民说这些比邮差送给他们的所有信件都让人感到高兴。

在飘着花香的小路上，邮差每天都很高兴，脸上带着满意的微笑，而且从此不再悲观。此后，他每天都是快乐的。

从上面的故事中，我们可以发现，当我们去用享受的态度对待工作的每一分钟时，工作就不会成为负担，而会成为一种乐趣。因此，如果你想要在工作中拥有乐趣，就要学会改变对待工作的态度，要学会换个角度看自己的工作。对工作保持着不同的心态，即使面对相同的工作内容，也会有不同的感受。

把平凡的事情做好就是不平凡。我们每个人身处的岗位都是平凡的，只有自己充满激情，用心努力去做，才能在平凡中创造成绩，收获自己的价值。

大多数情况下，并不是工作中没有乐趣，而是人不懂得在工作中寻找欢乐，创造乐趣。乐趣在哪里？乐趣就在自己全身心投入到工作中，贡献自己可以贡献的力量，追求团队价值，这时，你会发现乐趣在身边。

对工作的投入不仅需要乐观态度，更需要真正的行动。在工作中，只要对工作持有正确的态度，就会发现工作的乐趣。因此，能够从工作中寻找到乐趣并获得快乐的员工，更容易在工作中有成绩，也更可能成功。

把工作当成自己的事业

在很多人的眼里，工作就是安身立命的资本。一旦有了一份稳定的工作，往往就意味着从此有了安身立命之处。然而，如果我们仅仅把工作当成谋生的工具，那么，我们就可能会把工作当成苦役，即使从事的是自己喜欢的工作，仍然无法持久地保持工作的热情。

如果我们把工作当成自己的事业来看待，情况就完全不同了。由于有了目标和追求，我们就会有良好的精神状态和不竭的动力，就会在工作中充满热情，最终做出一番成就来。

两个人从同一扇窗子往外看，一个看到的是满地的泥泞，一个看到的是满天的繁星。这说明对同一件事情的态度，并不完全取决于事情的本身，还在于人的主观能动性。

也就是说，当我们充满热情地去工作，并将它当作自己追求的事业时，我们工作起来就会心情舒畅，事半功倍，就可能有所建树；反之，当我们以消极的态度去工作，一点儿热情都没有时，我们工作起来就会索然无味，就很难有所作为。

很多年前，一群修铁路的工人在忙碌着。他们都很劳累，然而，当他们想到每天有 11 美元的工资时，他们就咬牙坚持着。很多年后，当这群工人中的大多数仍然在忙碌时，忽然来了一辆豪华客车，有一个人从窗户伸出头来跟大家打招呼："嗨！我的朋友们！你们好吗？"大家抬头观望，原来是他们若干年前的同事约翰。

约翰现在已经是一家铁路公司的总裁了，他被老朋友们包围起来，大家问这问那，其中一个问道："我的朋友，我真的很奇怪，你是和我们同一天开始修铁路的，为什么你能当上总裁，而我们还在做同样的工作呢？"

约翰笑了，他说："我的朋友，我并没有什么特别的地方，如果说有，那就是我从开始就在想着为整个铁路公司而工作，而你们大概只为了每天 11 美元的工资而工作吧。"

从这个故事可以看到，一个人能否走上成功之路，关键要看他是否把工作当成事业来做。很显然，如果一个人工作仅仅是为了糊口，就不可能激发他丝毫的工作热情，而没有工作热情，又怎么可能在工作上有所成就呢？

台塑集团创始人王永庆先生说过："一个人把工作当成是职业，他会全力应付；一个人把工作当成是事业，他会全力以赴。"不难发现，平庸第二章自动自发，对工作尽职尽责者和卓越者的差别其实就在于此。

前者在工作中只会感到艰辛、枯燥、乏味、倦怠，久而久之，就会失去工作的热情，就会变得越来越没有理想，最后平平庸庸；后者则会在工作中激发出无尽的热情，自己的潜能也会得到最大程度的发挥，最后在不懈的努力下，取得非凡的成就。

所以，身为员工，我们一定要学会把工作当成自己的事业，多一点事业心，带着满腔的热情去主动工作，只有这样，我们才能在职场上取得成功。

把工作当自己的事业的人，才能够以积极的心态对待自己的工作，而不会觉得工作只是自己谋生的一种手段，是自己不得己而为之的事。

用认真的心态去工作

工作态度决定工作结果。一个工作态度积极的员工，对他而言，无论做什么工作，工作都是神圣的，一定会尽心尽力地用心去做，哪怕他的工作能力有限，也会释放出自己最大的潜能，全力以赴地去实现自己的最大价值。一个员工，如果面对工作的时候总是保持着悲观消极的态度，那么他的工作就会成为负担，越来越压抑他，即使他有很强的能力，也很难在工作中获得成绩。

态度是无形的，不能看到，更不能摸到，只能用心去体会，去感受，但是它绝对不是虚无的。和那些可以看到的能力相比，它更加重要，也更加强大。在工作中存在着很多这样的员工，他们凭借自己的能力和资格，工作态度非常散漫，心态浮躁。这样的员工很难走到最后，只能留下遗憾。

对初入职场的人来说，高手如云，那些既能保持良好的工作心态，又拥有一定的能力，是很难得的人才，这样的员工，不仅能在困难中保持稳定的心态，也会在成功的时候不骄不躁。任何时候都能拥有一颗平和的心，在工作中不断提高自己。

一名经理经常对自己的员工说："能力不分大小，态度决定一切，工作能力再强，如果做事的态度不端正，就很难做好自己的工作。"他经常要求自己的下属工作的时候必须先端正态度，再去做事。这种做法让他领导的团队，总能在第一时间完成最难的任务，也能在最艰难的环境中做出成绩。

员工的心态决定姿态，工作态度决定职业生涯的成功与失败。对所有员工来说，能力都可以通过工作的实际锻炼得到提升，只要在工作中态度认真，不断学习，不断提高，能力都可以在实践中提高。态度则需要员工自己的身心修养，提高自身素质，来面对遇到的困难和挫折。只有正确对待这些，调整好心态，才能收获事业上的成功。

赵涛是重点院校的高才生，研究生毕业后，应聘到一家著名的公司工作。公司的领导让他到生产部门工作，他非常不满意。但是在家人的劝说下，他还是去上班了。

刚入职的时候，他还可以忍受生产线上的工作，而且做得比较用心。后来，很多员工知道了他是研究生毕业，这让他心态很不平衡。他觉得自己拥有研究生学历却要每天在车间里打杂，这是对人才的浪费，也是对自己的侮辱，这些简单的工作自己还不如随便做做。这样想着，他的心态稍有平衡，开始整天拿着手机上网、聊天，当遇到员工来找他工作的时候，他也会显得很不耐烦，甚至态度恶劣，常与人发生争吵。

一年后，一起来到车间锻炼的另一个员工，他是从一所普通大学毕业的，学历和能力都不如赵涛，但是被调到公司与一所大学合作的研究项目组工作，赵涛却依旧留在生产部门工作。他很不服气，去找领导理论。

领导看到他心浮气躁，语重心长地说："你是研究生毕业，而且在学校里面成绩优秀，各方面的条件都不错。当初公司招你过来，想要重点培养，所以把你放到基层去锻炼，让你熟悉基层工作，以便日后好做研究工作。公司里面很多有成就的专家都是这样走过来的。可是没想到，你不仅没有珍惜这次锻炼的机会，而且工作表现很差，甚至违反公司的规章制度，经常和员工发生争吵，这样的工作态度怎么能够提升自己，又如何担得起更重的责任呢？"

赵涛听到领导的话后，并没有醒悟，还争辩："你没有事先说清楚，我怎么知道这是锻炼？而且公司这样的做法是在付出高额的代价和成本来考验一个人才，这种做法会白白浪费我的时间和精力，我来公司就是为了做研究，如果公司从刚开始就让我进入研究岗位，我肯定会为公司做出很大的贡献。"

领导听到他的辩解，更加失望，无奈地对他说："你怎么会这样想呢？一个人即使有能力，但是工作态度不端正，工作迟早也是会出问题的，如果你是这种想法，我们也不想挽留你。公司已经给过你机会，你却不知悔改，看来你并不适合我们这里的工作，你还是另谋高就去吧。"

赵涛这时候才知道了事情的严重性，心里非常后悔，急忙向领导表示自己没有要离开公司的意思，希望领导再给自己一次机会。但是领导非常坚定地拒绝了，赵涛只能离开公司。

赵涛是个有能力有学历的人，如果他能够懂得摆正工作态度，认真工作就一定会前途无量。但是，他自视才高，虽有能力，却对工作充满了抵触情绪和怀疑态度，没有将工作岗位的制度和纪律放在眼里，在工作中放任自己，和员工发生争吵，和领导交流中也不思悔改，这种做事态度是极不负责任的，做人也是极端偏执的。最终，他只能失去工作机会，在职场中失败。

好的工作态度是做好工作的前提，一定的工作能力是做好工作的保证，工作态度体现的是一个员工的道德和修养，表现出来的也是员工的素质。一个人无论有多强的能力，多高的学问，如果不能够端正工作态度，就很难提升自己的能力。所以，工作态度是提高工作能力的前提和保证。

一个人对待周围的人和事的态度，就会表现出他这个人的本质。他值不值得别人信任和尊重，能不能够被别人认可和接受，这些都取决于他的态度。有能力固然可以获取别人的信任，但如果自命不凡，会失去别人对你的尊重。

工作总是属于那些具有良好的工作态度，又拥有一定工作能力的员工。你必须转变自己的思想和认识，必须培养自己的敬业精神，尊重自己的工作，恪尽职守，以良好的工作态度对待工作，努力去提高自己的水平，成为一个综合素质较高的优秀员工。

对所有员工来讲，工作都不应该只是谋生的手段，而应是使命。当你用心工作，忠于职守，成为一种习惯时，不管你从事的工作有多么卑微，都应该把工作作为事业来对待。即使在最平凡的工作岗位上，也要不断地去提升自己的工作能力，在公司提供的平台上发展自己，成就自己，要学会以一种坦然的态度来享受事业的发展。

不是"要我做"而是"我要做"

自己的事情自己做，自己遇到的问题自己解决。当面对工作中的问题时，很多人总是以各种借口推脱，而把问题交给别人。殊不知，这样做的后果就是让自己失去了成长的机会。只有主动地承担自己的工作，主动地去帮助别人，主动地做些分外的工作，我们才能抓住更多的发展机会，从而在事业上取得更好的成绩。

卡耐基曾经说过："有两种人永远将一事无成，一种是除非别人要他去做，否则，绝不主动去做事的人；另一种则是即使别人要他去做，也做不好事的人。那些不需要别人催促就会主动去做应该做的事，而且不会半途而废的人必将成功。"不难发现，前两种人面对工作的心态皆是消极被动的，在他们看来，只要自己平时不迟到，不早退，把领导交代的工作完成了，就能心安理得地去领工资了。殊不知，对企业管理者而言，他们最需要的是能发扬主动精神，变"要我做"为"我要做"的人才。

要知道，如果一个人总是消极被动地去工作，那他是永远都无法获得成功的。反之，如果一个人能积极主动地开展自己的工作，成功就会离他

175

越来越近。

兄弟三人在一家公司上班，但他们的薪水并不相同：老大的周薪是350美元，老二的周薪是250美元，老三的周薪只有200美元。父亲感到非常困惑，便向这家公司的老总询问为何兄弟三人的薪水不同。

老总没做过多的解释，只是说："我现在叫他们三个人做相同的事，你只要在旁边看着他们的表现，就可以得到答案了。"

老总先把老三叫来，吩咐道："现在请你去调查停泊在港口的船，船上皮毛的数量、价格和品质，你都要详细地记录下来，并尽快给我答复。"

老三将工作内容抄录下来之后，就离开了。5分钟后，他告诉老总，他已经用电话询问过了。他通过打电话就完成了他的任务。

老总又把老二叫来，并吩咐他做同一件事情。一个小时后，老二回到总经理办公室，一边擦汗一边解释说，他是坐公交车去的，并且将船上的货物数量、品质等详细报告出来。

老总再把老大找来，先将老二报告的内容告诉他，然后吩咐他去做详细调查。两个小时后，老大回到公司，除了向总经理做了更详尽的报告外，他还将船上最有商业价值的货物详细记录了下来，为了让总经理更了解情况，他还约了货主第二天早上10点到公司来一趟。回程中，他又到其他两三家皮毛公司询问了货物的品质和价格。

观察了三兄弟的工作表现后，父亲恍然大悟地说："再没有比他们的实际行动更能说明这一切的了。"

所谓的主动工作，其实就是在没有人要求我们做的情况下，我们依然能够自觉并出色地做好事情。毫无疑问，故事中的老大就是三兄弟中唯一做到了主动工作的人，面对工作，他的反应异常敏锐，头脑极其理智，积极主动地处理问题，想老板之所想，正因为如此，所以他的薪水是三兄弟中最高的。

我们要想在职场上获得成功，就必须改变自己在工作中"要我做"的消极心态，努力培养"我要做"的积极心态，比如主动为自己设定工作目标，主动思考和改进自己的工作方式，主动去开展自己的工作等。

总之，在平时的工作中，只有变"要我做"为"我要做"，我们才能让老板发现我们实际做得比我们原来承诺的更多，我们才会在职场上有更多的机会。如果我们对公司的发展前景漠不关心，总是被动地等待上级安排任务，那就等于将加薪和升迁的宝贵机会拱手让给他人。

小李在一家商店工作，她一直觉得自己工作很努力，因为她总能很快完成老板布置的任务。一天，老板让小李把顾客的购物款记录下来，小李很快就做完了，然后便与别的同事闲聊。

这时，老板走了过来，他扫视了一下周围，然后看了一眼小李，接着一语不发地开始整理那批已经订出去的货物，然后又把柜台和购物车清理干净。

这件事深深地触动了小李，她明白了一个人不仅要做好本职工作，还应该主动地去工作。从此以后，小李更加努力地工作，她由此学到了更多的东西，工作能力也突飞猛进，最终，小李成了这家商店的店长。

不难发现，在工作中秉持"我要做"观念的员工，更受青睐，更容易取得成功。从表面上看，他们似乎比其他员工付出得更多，但是，正因为如此，他们才能获得更多的学习机会、更多的发展机会。反过来说，有些人之所以在工作上止步不前，就是因为他们总是被动地完成上级交代的任务。

　　我们通过积极主动的工作，为企业做出应有的贡献；企业通过我们的工作获取应得的效益，给予我们报酬，同时，企业还是我们实现人生价值的平台。如果我们在工作中始终抱着消极被动的心态，那无异于在拿自己的前途开玩笑。

　　我们要学会调整自己的心态，努力变"要我做"为"我要做"，积极主动地去完成工作，唯有如此，我们才能在工作中不断地锻炼自己、充实自己、提高自己。

　　主动工作的人，往往责任心也很强，因为他们深刻地意识到，只有主动肩负起自己的职责，才能在工作上有所作为。对工作负责，是最重要的主动精神。身为员工，我们对待工作一定要积极进取，不能总是被动地等待别人来告诉自己应该做什么，而是应该积极主动地去了解自己应该做什么、还能做什么、怎样才能做得更好，然后全力以赴地去完成。

第九章

高效工作，避免出现问题

你做到日事日清了吗

日事日清对每个员工的职业生涯都具有重要的意义，任何一个懒惰成性、整天把工作留给明天、被上司或者同事推着走的人，都是无法取得伟大成就的。我们要使主动工作成为一种习惯，勤奋做事、主动做事、用心做事，只有这样才能成为一个优秀的员工，一个前途光明的员工。

戴约瑟是美国著名的地产经纪人，他最初就是因为自愿替一个同事做一笔生意，从而被提升为推销员，并最终走向成功的。

戴约瑟在 14 岁的时候，还只是一个听差的小孩，他觉得做一个推销员对他来说简直是不可能的事，但是他却梦想着能成为一名推销员。

有一天下午，从芝加哥来了一个大客户。当时是 7 月 3 日，客户说他 7 月 5 日便要动身前往欧洲，在动身之前他想定一批货。这要等到第二天才能办好，但是第二天就是 7 月 4 日，是美国的独立日，是放假的日子，店主答应大客户他会在那天派一个店员来照料。

普通订货的手续是客户先把各种货物的样品看一遍，选定他所想要的货，然后推销员把他所订的货拿来再认真地检查一遍。

但是，这次被指派去做这一工作的一个年轻店员不愿意牺牲他的假日来取货，他为难地说，他父亲病了，需要他的照顾。这其实是他的托词，其实真正的原因是他想去约会。

于是，戴约瑟对那个店员说，他愿意代替他做。结果，戴约瑟升了职，他成了一名推销员。

一个人如果把工作仅仅看成是谋生的手段，那么肯定什么事情也干不好，只有对自己的工作尽心尽责，并主动完成任务的人，才能在事业上取得成就。

很多人把每天的工作看成是一种负担，一项不得不完成的任务，他们并没有做到工作所要求的那么多、那么好。对每一个企业和老板而言，他们需要的绝不是缺乏热情和责任感、工作不够积极主动的员工。

日事日清型员工是没有人要求你、强迫你，你却能自觉而出色地做好需要做的事情。这样的员工哪一个老板会不青睐呢？任何一个企业都迫切地需要那些能够自动自发做事的员工，不是等待别人安排工作，也不是把问题留到上级检查的时候再去做，而是主动去了解自己应该做什么，做好计划，然后全力以赴地去完成。

日事日清是成功的注释，拖延是对生命的挥霍。如果你将一天的时间记录下来，就会惊讶地发现，拖延正在不知不觉地消耗着我们的生命。

社会学家库尔特·卢因曾经提出一个概念叫作"力量分析"。在这里，他描述了两种力量：阻力和动力。他说，有些人一生都踩着刹车前进，比如被拖延、害怕和消极的想法捆住手脚；有些人则是一路踩着油门呼啸前进，比如始终保持积极和自信的心态。这一分析同样适用于工作，老板希望公司的每一位员工在工作中都能从刹车踏板——拖延上挪开，始终保持良好的状态，不断进步。

每个人都有懒惰的天性，而日事日清工作的人能够克服这种天性，使自己勤奋起来。日事日清既能够造就一个人的成功，同时也能给企业带来业绩。

"拿下美国 B 客户非常难！"洗衣机海外产品部崔经理接手美国市场时，大家都这么说，因为前面的历任产品经理对这位客户都业绩平平。

真这么难吗？崔经理不信。这天，崔经理一上班就看到了 B 客户发来的要求设计洗衣机新外观的邮件。因时差 12 个小时，此时正是美国的晚上，崔经理很后悔，如果能及时回复，客户就不用等到第二天了！从这天起，崔经理决定以后晚上过了 11 点再下班，这就意味着，可以在美国当地时间的上午处理完客户的所有信息。

三天过去了，日事日清让崔经理与客户能及时沟通，开发部很快完成了洗衣机新外观的设计图。在决定把图样发给客户时，崔经理认为还必须配上整机图，以免影响确认。大约子夜一点，崔经理回到家，立刻打开家中的电脑，当看到客户回复"产品非常有吸引力，这就是美国人喜欢的"时，她顿时高兴得睡意全无，为自己的日事日清取得的效果而兴奋不已。

样机推进中，崔经理常常半夜醒来，打开电脑看邮件，可以回复的就即时给客户答复。美国那边的客户完全被崔经理的精神打动了，随之推动业务进度，B 客户第一批订单终于敲定了！

其实，市场没变，客户没变，拿大订单的难度没变，变的只是一个有竞争力的人——崔经理。她说："因为我从中感受到的是自我经营的快乐，有时差，也要日事日清！"

日事日清追求的就是速度和结果。日事日清不仅跟员工自身关系重大，也与企业的成败有着莫大的关系。员工的工作结果直接关系着企业的命运。日事日清为自身带来业绩的同时也为企业带来效益，而拖延会直接把自己和企业拉入痛苦的泥沼。

日事日清，今日事今日毕，体现的是科学管理时间的观念，体现的是良好的工作习惯，体现的是一种敬业精神，体现的是一丝不苟的严谨态度。无论你是公司的高层主管，还是基层员工，大事还是小事，凡是需要立即去做的事情，就应该马上行动，做到日事日清，绝不拖延。这也是成功人士、成功企业都在遵循的行事准则。

日事日清代表的是一种认真负责的工作态度，高效执行；日事日清代表的是一种科学的工作方法，智慧做事；日事日清强调的是完美的工作结果，创造佳绩。人们都说时间是公平的，可是有些人总感到自己的时间不够用，不然，为什么做同样的事，自己忙得焦头烂额，别人却还有时间休息呢？只有高效率工作，才能让自己的时间更充裕。

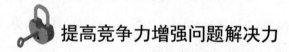

提高竞争力增强问题解决力

理智的老板，更愿意选择一个主动做事、日事日清的员工。因为，站在老板的立场上，一个缺乏时间观念的员工，不可能约束自己的懒惰意识，而全心地勤奋工作；一个自以为是、目中无人的员工，无法在工作中与别人沟通合作；一个做事有始无终的员工，他的做事效果值得怀疑。一旦你有这些不良习惯中的一个，给老板留下印象，你的发展道路就会越走越窄。因为你对老板而言，已不再是可用之人。

有三个人到一家建筑公司应聘，经过一轮又一轮的考试，最后他们从众多的求职者中脱颖而出。公司的人力资源部经理在第二天召集了他们，将他们三人带到了一处工地。

工地上有三堆散落的红砖，乱七八糟地摆放着。人力资源部经理告诉他们，每个人负责一堆，将红砖整齐地码成一个方垛，然后他在三个人疑惑的目光中离开了工地。

A 说："我们不是已经被录用了吗？为什么将我们带到这里？"

B 说："我可不是应聘这样的职位的，经理是不是搞错了？"

C 说："不要问为什么了，既然让我们做，我们就做吧。"然后就干起来。

A 和 B 同时看了看 C，只好跟着干起来。还没完成一半，A 和 B 明显放慢了速度。A 说："经理已经离开了，我们歇会吧。"B 跟着停下来，C 却一直保持着同样的节奏。

人力资源部经理回来的时候，C 只有十几块砖就全部码齐了，而 A 和 B 只完成了三分之一的工作。经理对他们说："下班时间到了，回去吧。"A 和 B 如释重负地扔下手中的砖，而 C 却坚持把最后的十几块砖码齐。

回到公司，人力资源部经理郑重地对他们说："这次公司只聘用一名设计师，获得这一职位的是 C。"

A 和 B 迷惑不解地问经理："为什么？我们不是通过考试了吗？"

经理告诉他们："原因就在于你们刚才的表现。"

哪个老板不喜欢重用一个工作认真负责、没有任何敷衍的人。如果说，出身和学历是走向成功的阶梯，那么日事日清的工作态度就是你迈向成功的助推器。

每个人的能力都是可以培养的，这就意味着工作态度将决定一个人竞争力的高低。因此，身在职场，每一个人都要以认真负责的工作态度走好每一步。即使你什么能力也没有，但在你踏踏实实、日事日清地完成工作的过程中，你会得到锻炼，你的能力自然也就得到了提升。

职场中人，只要努力工作，就能找到成长的秘诀。如果你将工作视为一种积极的学习，那么，每一项工作中都包含着许多个人成长的机会。成功者的经验证明：付出世界上最多的努力，才能获得世界上最大的幸福，要想获得最大的成就，就必须付出最大的努力去奋斗。

机会总是藏在工作深处，只有努力的人，才能够看到机会究竟藏在哪里。日事日清、兢兢业业的人，实际就是抓住机会的人；逃避工作的人，实际就是放弃机会的人。

世界上最大的金矿不在别处，就在我们自己身上。只要我们认真对待工作，以一颗责任心面对问题，在工作中不断思考，就能发现机会，创造不同凡响的人生。机会和财富从来不会青睐毫无准备的人。对于每一个平凡而普通的人来说，工作就是财富，工作就是幸福。日事日清，就是珍惜工作的每一天，从工作中发现机会和财富。

对工作敬业负责，对企业忠诚坚贞，不轻视企业也不轻视自己的工作。遇事积极主动、自动自发地工作，从不找借口推卸责任，懂得在工作中注重细节，明白工作中无小事，想着把工作做得更好的人，是企业最需要的人。

永葆进取心，追求日事日清，日清日高，是成功人士的信念。它不仅造就了成功的企业和杰出的人才，而且促使每一个努力完善自己的人，在未来不断地创造奇迹，不断地获得成功。每个员工的一小步，就是企业的一大步。员工是企业得以持续发展的坚实基础，只有员工进步了，企业才会不断成长和壮大，同样，只有企业发展了，员工才能获得进一步的成长。实现自我、获得成功，把自己打造成高素质、高竞争力的优秀员工。在实际工作中积极适应企业发展，与企业一同进步，终将会成为企业中不可或缺的日事日清型人才。

 ## 忙碌不代表有成效，执行不等于落实

现代人一味强调忙碌，却忘记了工作成效，从周一到周日时刻忙碌着。而这些追求所谓"快"的忙碌实际上是在为自己制造慌乱，因为这种要求自己越忙越好的压力使职场人变得越来越浮躁。大多数人认为问题出在时间的紧迫上，但事实上，是忙碌控制了我们的工作和生活。

从前，有一个小和尚每天的任务就是负责敲钟，半年下来，觉得无聊至极，"做一天和尚撞一天钟"而已。

有一天，住持宣布调他到后院劈柴挑水，原因是他不能胜任撞钟一职。小和尚很不服气地问："师父，我撞的钟难道不准时、不响亮？"

住持耐心地告诉他："你撞的钟虽然很准时，也很响亮，但钟声空泛、疲软，没有感召力。钟声是要唤醒沉迷的众生，因此撞出的钟声不仅要洪亮，而且要圆润、浑厚、深沉、悠远。"

为什么小和尚不能胜任撞钟一职？因为小和尚是在完成任务，他以为这是住持想要的结果。但住持真正想要的结果不是撞钟，而是唤醒沉迷的众生。撞钟是任务，撞得唤醒沉迷的众生是结果。而要撞得唤醒众生，首先你要真正用心去做。我们有许多员工就像这个小和尚一样，整天在忙撞钟这项任务，却达不到唤醒沉迷的众生这个结果。

有个新会计，做报表的态度很认真，报表的格式也做得漂漂亮亮、整整齐齐。可惜，报表上的数据与实际发生额相差甚远，不仅领导看了一头雾水，而且她自己对报表上原始数据的来源也说不清楚。于是，这张报表也就成了一张废纸，一点价值都没有。

忙碌与成效，是很多企业的"心病"：员工都尽了力，大家每天都在忙碌工作，但企业却拿不到好结果，最后销售业绩下滑，质量波动，人心浮动。同样，这也是员工们的疑惑：我们这么努力，每天马不停蹄地忙碌，为什么领导还是不满意？

一旦染上了这种"忙碌病"，我们就会迷失在毫无间隙的忙碌之中，失去清醒的头脑和必要的理智。紧张工作疲于奔命，最终却往往会发现自己越来越力不从心，工作中错误百出，无法实现日事日清，这时才后悔莫及。

为什么好的决策总是一而再，再而三地付之东流？这是因为公司的执行力不强。我们现在缺少的不是制度的建设与创新，而是贯彻与执行的力度。随处可见的"差不多"和"不到位"；无处不在的浅尝辄止和虎头蛇尾；满足于一般号召，缺乏具体指导，遇事推诿扯皮，办事不讲效率等，都是没有把计划真正执行到位的具体表现。

工作中，一边出台制度、一边破坏制度和钻制度空子的现象屡禁不止，关键就在于制度执行不力、落实不严。有相当一部分制度仅仅停留在文件中、口头上。制度不落实，比没有制度更有危害。执行是制度管理的最关键环节，制度再健全、再完善，如果不执行、不落实也只能是一纸空文。很多成功人士和著名企业都意识到了这一点。

美国医药界的翘楚，现在是世界上前五名的制药最大厂商的老板查理·华葛林，原来他只是开设一家规模很小的西药房，同样有着一般人的想法，埋怨自己的职业，对工作感到无趣。

虽然对工作做得不是很起劲，但他曾问自己："我能舍弃这种生涯吗？""我能在我的职业中施展我的才能吗？"想了又想，不停地反复思考这个问题的他，终于下定决心，想到了一个方法。

这个方法就是把工作当作有趣的游戏，他是怎么做到的呢？例如，有人打电话订货，他一面接电话，一面举手招呼他的伙计，立刻把货品送去。

有一天，电话来了，他大声地回答说："好，郝斯福夫人，两瓶消毒药水，四分之一磅消毒棉花，还要特别的吗？啊，今天天气真好，还有……。"

他不时地与顾客沟通，同时指挥伙计把货物取齐马上送去，而伙计经过他的训练，很快就能处理妥当，在接电话的几分钟内，物品已经送到郝斯福夫人家的门口，但他们仍继续谈话，直到她说："门铃响了，华葛林先生，再见。"

于是，他放下电话听筒，面露喜色，因为知道货物已经送到。

事后，郝斯福夫人常对别人说起这件事，当她订货的电话尚未打完，物品就已经送来了。由于她无意中的传播，使得附近的居民都来华葛林的药房订货，并且渐渐扩展到别区的居民，最后都成为他药房中的忠实顾客。

从此以后，他从一间小小的药房，慢慢扩充为公司，然后成立了制药厂，

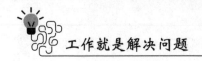
连各地都开设了连锁店。

华葛林的成功，不在于工作的本身，而是他面对工作的态度。一个人学习一件自己感兴趣的事情时，更容易学到精髓，提高工作能力，直到最后的成功。

我们现在缺少的不是制度的建设与创新，而是贯彻与执行的力度。政策再好、制度再全、标准再高、要求再严，如果具体执行的人不认真、不负责、不尽心，其效果也不会好。如果我们制定一条制度，就落实一条制度；制定十条制度，就坚决执行十条制度，不松懈、不手软、不搞"下不为例"，公司里那些只知道数钞票却不知道做事的"蛀虫"就难行其道了，日事日清也就容易实现了。

 ## 做好时间管理，合理安排工作

假如你想成功，就必须认识到时间的价值。事实上，凡是在事业上有所成就的人，都十分注重时间的价值。他们不会把大量的时间花费在没有价值的事情上。

接待客户是很多人经常要做的工作，同时也是一件十分消耗时间的事情，一个善于利用时间的人总是能判断自己面对的客户在生意上的价值，如果对方有很多不必要的废话，他们都会想出一个收场的办法。

处在知识日新月异的信息时代，人们常因繁重的工作而紧张忙碌。如果想提高自己的工作效率，让自己忙出效率和业绩，就要向这些珍惜时间的人学习，培养自己重视时间的习惯。

在日常工作、生活中，我们经常会有这样的感觉：虽然我们方向无误，目标明确，工作起来也很努力，每天忙得团团转，可就是复命的时候没有什么明显的效果。相反，有些人每天不慌不忙，如同闲庭信步，却卓有成效，总有事半功倍之效。除去运气等不可控的因素外，其差别就在于明白事情的轻重缓急。

工作需要章法，不能眉毛胡子一把抓，要分轻重缓急。这样，才能一步一步地把事情做得有节奏、有条理，避免拖延。而其中的一个基本原则就是，把时间留给最重要的事情，把最重要的事情放在第一位！

伯利恒钢铁公司总裁理查斯·舒瓦普为自己和公司的低效率而忧虑，于是去找效率专家艾维·李寻求帮助，希望李能卖给他一套方法，告诉他如何在短时间里完成更多的工作。艾维·李说："好！我10分钟就可以教你一套至少提高效率50%的最佳方法。"

"把你明天必须要做的最重要的工作记录下来，按重要程度编上号码。最重要的排在首位，以此类推。早上一上班，马上从第一项工作做起，一直做到完成为止。然后用同样的方法对待第二项工作、第三项工作……，直到你下班为止。即使你花了一整天的时间才完成第一项工作，也没关系。只要它是最重要的工作，就坚持做下去。每一天都要这样做。在你对这种方法的价值深信不疑之后，叫你的公司的人也这样做。这套方法你愿意试多久就试多久，然后给我寄张支票，填上你认为合适的数字。"

舒瓦普认为这个方法很有用，不久就填了一张 25000 美元的支票给艾维·李。舒瓦普后来坚持使用艾维·李给他的那套方法，五年后，伯利恒钢铁公司从一个鲜为人知的小钢铁厂一跃成为美国最大的不需要外援的钢铁生产企业。舒瓦普常对朋友说："我和整个团队坚持最重要的事情先做，付给艾维·李的那笔钱我认为是我的公司多年来最有价值的一笔投资。"

把时间留给最重要的事如此重要，但却常常被我们遗忘。我们必须让这个重要的观念时刻浮现在我们的脑海中，每当一项新工作开始时，必须先确定什么是最重要的事，什么是我们应该花费最大精力重点去做的事。

分清什么是最重要的并不是一件容易的事，我们常犯的一个错误就是把紧迫的事情当成最重要的事情。

紧迫只是意味着必须立即处理，比如电话铃响了，尽管你正忙得不可开交，也不得不放下手里的工作去接听电话。紧迫的事情通常是显而易见的。它们会给我们造成压力，逼迫我们马上采取行动。但它们往往是容易完成的，却不一定是很重要的。

根据紧迫性和重要性，我们可以将每天面对的事情分为四类，即重要且紧迫的事；重要但不紧迫的事；紧迫但不重要的事；不紧迫也不重要的事。

你在平时的工作中，把大部分的时间花在哪类事情上？如果你长期把大量的时间花在重要而且紧迫的事情上，可以想象你每天的忙乱程度，一个又一个问题会像海浪一样向你冲来。你十分被动地一一解决。时间一长，你早晚有一天会被击倒、压垮，上级再也不敢把重要的任务交给你。

只有重要而不紧迫的事才是需要花大量时间去做的事。它虽然并不紧急，但决定了我们的工作效率和业绩。只有养成先做最重要的事的习惯，对最具价值的工作投入充分的时间，工作中的重要的事才不会被无限期地拖延。这样，工作对于遵从日事日清的你就不会是一场无止境、永远也赢不了的赛跑，而是可以带来丰厚收益的事情。

我们提倡在工作中提高效率，更快更好地完成任务，但是，并不是说要以延长工作时间，甚至是牺牲自己的休息时间为代价。解决这一问题的关键是找方法，找到了适合自己的工作方法，不但能够保证工作高效地完成，你还能从中享受到工作的乐趣。

整天工作并不代表高效率。因为业绩和完成业绩花费的时间并不一定成正比。在你感到疲惫的时候，即使强迫自己工作、工作、再工作，也只会耗费体力和创造力，工作并不一定有成效。这时候，我们需要暂时停下工作，让自己放松。每当你放慢脚步，让自己静下来，就可以和内在的力量接触，获得更多能量重新出发，这也是高效率工作的一种策略。一旦我们能了解，工作的过程比结果更令人满足，我们就更乐于工作了。

 ## 掌握方法，化难为易提高效率

世界著名的成功学大师拿破仑·希尔在著作《思考致富》一书中，提出疑问"为什么是'思考'致富，而不是'努力工作'致富？"只知道努力工作的人并不一定会获得成功。放眼古今中外，成千上万的成功者无不是善于思考的人，而世间伟大的发明无不出自人的头脑，出自思考的源头。所以，职场人如果善于启用"头脑"，挖掘出自己最大的潜能，找到方法，

就没有做不好的工作。

方法是效率的保证，是解决问题的关键。当你的工作或生活中出现僵局或困难的时候，找到了方法，一切问题都能够迎刃而解。

方法决定成效，因为方法是一门工具，有了工具工作就简单得多了。

有个小村庄，村里除了雨水没有任何水源，为了解决这个问题，村里的人决定对外签订一份送水合同，以便每天都能有人把水送到村子里。有两个人愿意接受这份工作，于是村里的长者把这份合同同时给了这两个人。

两个人中一个叫艾德，他得到合同后，便立刻行动起来。每日奔波于湖泊和村庄之间，用他的两只桶从湖中打水运回村子，并把打来的水倒在由村民们修建的一个大蓄水池中。每天早晨他都比其他村民起得早，以便当村民需要用水时，蓄水池中已有足够的水供他们使用。由于起早贪黑地工作，艾德很快就开始挣钱了。尽管这是一项相当艰苦的工作，但是艾德很高兴，因为他能不断地挣钱，并且他对能够拥有两份合同中的一份而感到满意。

另一个获得合同的人叫比尔。令人奇怪的是自从签订合同后比尔就消失了，几个月来，人们一直没有看见过比尔。这令艾德兴奋不已，由于没人与他竞争，他挣到了所有的送水钱。

比尔干什么去了？他做了一份详细的商业计划书，并凭借这份计划书找到了四位投资者，一起开了一家公司。六个月后，比尔带着一个施工队和一笔投资回到了村庄。花了整整一年的时间，比尔的施工队修建了一条从村庄通往湖泊的大容量的管道。

这个村庄需要水，其他有类似环境的村庄一定也需要水。于是，比尔重新制定了他的商业计划，开始向其他需要水的村庄推销他的快速、大容量、低成本并且卫生的送水系统，每送出一桶水他赚1便士，但是每天他能送几十万桶水。无论他是否工作，几十万的人都要消费这几十万桶水，所有的钱都流入了比尔的账户中。显然，比尔不但开发了使水流向村庄的管道，而且还开发了一个使钱流向自己钱包的管道。

从根本上说，你接受了什么样的理念，就决定了你站在多高的台阶上、你能看得有多远，而你按照什么样的方法来工作，则决定了你能走多远，能成为什么样的人。理念决定起点，方法决定你真正能够达到的人生高度。

"如无必要，勿增实体"成了人们处事的一个重要原则。把事情变复杂很简单，把事情变简单却很复杂。人们在处理事情时，要把握事情的主要实质，把握主流，解决最根本的问题。尤其要顺应自然，不要把事情人为地复杂化，这样才能高效率地把事情处理好。

工作中，我们会发现，一份常见的商业建议往往会有厚厚的一叠；一些高层管理者的计划书中，密密麻麻的都是目标。但优秀公司的制度一般都具有简洁的特征，宝洁公司就是个很好的例子。

宝洁公司的制度具有人员精简、结构简单的特点，该制度与宝洁公司雷厉风行的行政风格相吻合。在长期运行中，宝洁公司"深刻简明的人事规则"顺利推动后，效果良好。

宝洁公司品牌经理说："宝洁公司有一条标语——'一页备忘录'，它是我们多年来管理经验的结晶。任何建议或方案多于一页对我们来说都是浪费，甚至会产生不良的后果。"

宝洁公司的这一风格可以追溯到前任总经理理查德·德普雷，他强烈地厌恶任何超过一页的备忘录。他通常会在退回的冗长的备忘录上加一条命令："把它简化成我所需要的东西！"

如果该备忘录过于复杂，他还会加上一句："我不理解复杂的问题，我只理解简单明了的！"

聪明的人办事都讲究直接、简单。他们大都具备无视"复杂"的能力，他必须不为琐事所缠，他能很快分辨出什么是无关的事项，然后立刻砍掉它。

所有复杂的组织都会存在资源浪费和效率低下的问题，它使得领导者无法把目光专注在应该关注的事情上，相反，却进行着数目极其庞大的、昂贵的、无生产力的活动。因此，优秀的组合和个人要懂得给自身"减肥"，把事情简单化处理，使之更有效率、更有活力，从而得到更好的发展。

要想实现日事日清，让自己在职场中脱颖而出，让自己成为企业不可替代的优秀员工，就要按照卓越的方法，先进的工作理念去开拓自己的事业天地。

第十章

提高竞争力，轻松解决问题

学习力就是竞争力

在工作中善于学习的员工能够更好地了解自己，了解工作，了解未来，能够更好地把握自己的命运。善于学习可以使我们更好地提高自己，完善自己，在竞争中处于不败之地，比别人做得更好。这样不仅能取得事业上的进步，更能够提升自己的境界，给人生带来不一样的变化。

学习的含义非常广，包括知识、信息、技能、价值观、领导能力、管理能力、人际交往能力等。每个人都有自己的特点，员工最应该了解自己，学习自己需要的技能，弥补自己在职场上的不足，寻找自己的优点，挖掘自己的潜能，这样能够更清楚地了解自己。主动学习，主动改变我们的生活，改变我们的工作，会对未来不再恐惧，不再迷茫，在生活中过得更有乐趣，工作也做得更加出色。

在工作中善于学习，我们会更快进步。学习意味着发现、思考、提高、完善。学习不断地给我们带来自信，带来欢乐和幸福。

学习的重要意义在于改变旧习惯，提高精神境界；改变坏习惯，培养新的适应工作和时代的习惯。树立新的适应潮流的思想。所以，在学习中我们要不断地放弃自己以前的思考方式，用新的眼光来看待问题。要做到这些，就必须敢于改变。我们以前不好的特点和性格，可能妨碍着我们的进步，妨碍我们实现目标和梦想，我们必须改变，必须培养新的习惯和思维。要敢于去改变，敢于去克服障碍。

要学习那些比我们优秀的人，学习他们成功的经验和失败的教训。尤其是那些成功者，他们的经历对我们有很大的启发，我们要和他们多接触，多交流，从他们身上学习一些我们不具备的素质。通过这个过程，你一定能够提高自己，改变自己。对待成功者不要盲目崇拜，要研究他们失败的地方，研究他们是因什么而失败的，不要模仿成功，但要避免失败，这种学习更有益处。条件在不断地变化，成功也不可复制，学习重点在于学习精神和内涵，而不在于学习别人的经历。在成长的路上一定要多接触那些我们想要成为的人，请教他们的意见，从他们的角度给我们提供一些我们看不到的东西。

更值得注意的事是要想办法为自己创造一个良好的学习环境，主动地营造学习的平台和机会，可以组织一些志同道合的人共同来研究一些感兴趣的话题，在交流中，互相促进，共同进步；也可以在旅行中提升自己，去不同的地方接触到不同的人，经历不同的事，获得不同的感悟。可以到书店、图书馆，这些学术氛围比较好的地方学习自己需要的知识。在这种氛围下你会接触到不同的思想，学到不同的知识，获得不同的感悟，一定会提升自己的水平。要注意，保持学习的持久性，不要三天打鱼两天晒网。

在学习知识的时候，我们必须要先了解自己，要清楚自己的目标在哪里？自己的劣势在哪里？不足在哪里？我们如何才能够弥补自己的这些不足，完善自己？当你考虑清楚这些问题的时候，你对学习才会更有方向，千万不要忽略目标。当你有着清晰的目标时再去投入自己的时间精力。对自己没有意义的知识，我们要尽可能地将有限的资源投入到最需要的地方。每天都要有一定的时间全部投入在学习上，不要受外界干扰，长久下去，一定会变得与众不同。

当我们在进步的时候不要忘记了我们为什么而出发，要仔细观察自己需要提高的地方，需要完善的地方，对未来要有勇气和信心，不要分散自己的注意力，更不要逃避退缩，这些会妨碍我们的进步。不要躲避自己存在的问题和缺点，每个人都有不足，不要把问题推到明天，今天能解决就今天解决。

要扩大自己的学习范围，广泛了解各种各样的知识，既有专业知识，又有人文科学。最重要的是那些对自己的工作相关的专业技能，我们必须学会熟练运用各种工作技能。这些学习将直接关乎我们的工作能力，这些知识能让我们更好地做好自己的工作。人文知识的学习，能够不断地完善我们的思想，提高我们的修养和素质。遇到那些我们值得学习的人要谦虚地向别人请教，这样才能更好地进步。

想要在事业上取得成功，要学习扮演领导者的角色。在领导的位置上，价值观、使命感、人格品行，这些素质是非常重要的，不仅对自己有影响，而且影响到手下的员工和整个团队。一个优秀的领导可以给整个团队带来积极影响。领导是一门艺术，要学习掌握这门艺术。

在工作中，你可能会发现很多项目对你的进步有着重要的意义，这时候不要犹豫，要果断参与。行动永远比想法更重要。通过实践活动可以实现自己的提升。在成长的道路上遇到志同道合的人，要互相交流，互相督促，共同进步。如果发现有自己感兴趣的团体要积极地参与进去，从中学到自

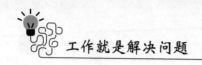
己需要的东西，广泛交朋友，扩大自己的人脉关系，更容易进步。

在学习中容易犯这样一个错误，那就是过度地关注自己的专业领域，对其他领域的知识不管不顾，这种学习是狭隘的，有很大的局限性。虽然扩大领域地来学习需要花费更多的时间和精力，但是知识之间是互相联系的，不应该分开来只专注于其中一点。其他方面的知识，也会促进你的进步，所以一定要扩大自己的学习范围，不要以狭隘的眼光来学习。

在学习的时候应该追求多领域全方位的学习，学习不同的知识会对我们有不同的帮助。最好的做法就是平衡它们之间的关系，而不是以极端的做法只学习某一方面。

千万不要放弃学习。不要逃避自己面对的问题，也不要为自己的缺点感到心烦，要尽自己的努力去寻找答案，去改变现状。其实在没有找到答案的时候，你要学会正确地面对，这样才能够更好地面对未来。培养自己成为一个善于学习的人，你会发现周围的世界会变得大不一样。

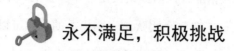

永不满足，积极挑战

勤奋可以创造佳绩，生活中如此，工作中更是如此。天下没有免费的午餐，我们若想在工作中有所突破，就必须踏踏实实做好自己的本职工作，努力为企业分忧解难。当我们凭借努力成为企业最需要的人时，那前方等待我们的自然是丰厚的薪水，耀眼的前程。在职场生涯中，勤奋努力的人是我们学习的榜样，因为只有那些勤勤恳恳工作的人，认认真真对待自己工作的人，才能最大限度地发挥自己的才能和潜力，在工作中创造出骄人的佳绩。

勤奋是永不过时的职业精神，勤奋工作是创造辉煌成就的前提，勤奋工作能激发人内在的工作激情。无论何时何地，勤奋永远是受人尊崇的职业品质。

人们常常惊异于文艺家创造性的才能，其实，影响他们成才的条件之一就是勤奋。一个人唯有勤奋，才能把工作做好，才能获得成功，而懒惰者无疑会被淘汰。

人都是有惰性的，这是无法否认的事实。但面对懒惰，我们要有意识地去规避，主观上去克服懒惰，避免拖延，只有这样，我们才能激发自己工作的积极性。在这个竞争如此激烈的社会，想要取得职业生涯上的成功，我们只有依靠勤奋。

只有勤奋努力，只有满怀热情，只有兢兢业业，我们才能把自己的事业带入成功的轨道。而这是职场上永远适用的真理，也是永不过时的职业精神。

有人说，勤奋是一个人走向成功的不二法门。这话确实说的没错，勤奋作为一种精神和品质，永不过时。

常言道："一分耕耘，一分收获。"不劳而获的事情从来就是不存在的，一个人只有辛勤的劳动，才能收获丰硕的成果。勤奋是实现理想的奠基石，是人生航道上的灯塔，是通向成功彼岸的桥梁。勤奋的人珍惜时间，爱惜光阴，勤奋的人脚踏实地，勤奋的人坚持不懈，勤奋的人勇于创新。

勤奋是一种工作态度，也是一种高贵的品质。勤奋是对自己工作的负责的表现，同时也是对自己人生负责任的表现。要想在竞争激烈的职场上取得成功，我们只有凭借超乎常人的勤奋，促使自己不断地进取，不断地奋发向上。

无论处于什么时代，从事什么行业，我们对待工作都需要勤奋努力。尤其是在那些先进的、高尖的技术行业里，更是需要这种勤奋努力、拼搏进取的精神。

在我们的身边，对待工作不够勤奋的人往往有两种表现，第一种是得过且过，工作总是敷衍了事；第二种则是表面上看起来忙忙碌碌，但实际上却不是在用心工作，只不过是在老板面前装装样子罢了。其实，不管是哪一种，都不是我们应该效仿的对象。

那真正正确的做法究竟是什么呢？很简单，那就是树立起"工作是为了自己，不是为了老板"的工作理念，不管我们从事何种工作，我们都应该严格要求自己，勤勤恳恳地付出，脚踏实地地工作，长此以往，我们定能得到幸运之神的眷顾。

我们的勤奋工作不仅能给公司带来业绩的提升和利润的增长，同时也能给自己带来宝贵的知识、丰富的经验和成长发展的机会。而这无疑是一种双赢，老板获利，我们也收益，老板开心，我们也快乐，何乐而不为呢？

一个人只有勤奋地工作，主动地多做一些，最终才能有所收获。那些成功的人之所以能够成功，就在于他们比失败者勤奋。

要想在这个人才辈出的时代走出一条完美的职业轨迹，唯有依靠勤奋的美德——认真对待自己的工作，在工作中不断进取。勤奋是保持高效率的前提，只有勤勤恳恳、扎扎实实地工作，才能把自己的才能和潜力全部发挥出来，才能在短时间内创造出更多的价值。缺乏事业至上、勤奋努力的精神就只有观望他人在事业上不断取得成就，而自己却在懒惰中消耗生命，甚至因为工作效率低下失去谋生之本。

一个优秀的员工在工作中勤奋追求理想的职业生涯非常重要。享受生活固然没错，但怎样成为老板眼中有价值的员工，这才是最应该考虑的。一位有头脑的、聪明的员工绝不会错过任何一个可以让他们的能力得以提升，让他们的才华得以施展的工作。尽管有时这些工作可能薪水低微，可能繁复而艰巨，但它对员工意志的磨炼，对员工坚韧的性格的培养，都是员工受益一生的宝贵财富。所以，正确的认识你的工作，勤勤恳恳的努力去做，才是对自己负责的表现。

要想在这个时代脱颖而出，你就必须付出比以往任何人更多的勤奋和努力，具有一颗积极进取、奋发向上的心，否则你只能由平凡变为平庸，最后成为一个毫无价值的没有出路的人。无论你现在所从事的是什么样的一种工作，只要你勤勤恳恳的努力工作，你总会成功的，并且让老板认可。

只有那些勤奋努力，做事敏捷，反应迅速的员工，只有充满热忱，富有思想的员工，才能把自己的事业带入成功的轨道。

勤奋可以创造佳绩，生活中如此，工作中更是如此。天下没有免费的午餐，我们若想在工作中有所突破，就必须踏踏实实做好自己的本职工作，努力为老板分忧解难。当我们凭借努力成为老板的左膀右臂时，那前方等待我们的自然是耀眼的前程。

坚持多做一点，离完美更近一步

工作中有这么一种人，现在可以做的事情放着不做，以为以后有的是时间去做，而且还给自己找了一大堆理由让自己心安理得。其实，这种人有时候也能感觉到自己是在拖延，但却不去改变，也从不想去改变，他们每天都生活在等待和逃避之中，空有羞愧和内疚之心却不去行动，毫无疑问，这样的人，最终将会一事无成。

其实，当我们有新的工作任务时，就应该立即行动，只有这样，我们每天才能比别人多做一点，最终比别人收获更多。我们要彻底放弃"再等一会儿"或者"明天再开始"的想法，遇到事情马上列出自己的行动计划，毫不犹豫立马去做！从现在就开始，着手去做自己一直在拖延的工作。当我们真正去开始做一件事情的时候就会发现，之前的拖延理由简直毫无必要，干着干着，我们就会喜欢上这项工作，而且还会为自己之前的拖延感到后悔。

在工作中，很多人觉得应该等到所有的条件都具备了之后再行动。可事实上，良好的条件是等不来的。等我们万事俱备的时候，别人或许早已领先我们一步，抵达成功的彼岸。所以，我们完全没必要等外部条件都完善了再开始工作，在现有的条件下，只要我们肯做，肯好好努力，同样可以把事情做好。而且，一旦行动起来，我们还可以创造许多有利的条件。哪怕只做了一点点，这一点点也能带动我们将事情做好。

有时候遇到事情要立马采取行动是很难的，尤其是面对令自己不愉快的工作或很复杂的工作时，我们常常不知道该从何下手。但是，不知道从何处下手并不能成为选择拖延和逃避的理由。如果工作的确很复杂，那我们可以先把工作分成几个小阶段，分别列在纸上，然后把每一阶段再细分为几个步骤，化整为零，一步一步来做，并保证每一步都可在短时间之内完成。如此一来，多大的任务也能迎刃而解。

常言道，唯有付出才能得到。一个人要得到多少，就必须先付出多少。付出时越是慷慨，得到的回报就越丰厚；付出时越吝啬、越小气，得到的就越微薄。

在工作中，对于分外的事情，我们确实可以选择不做，没有人会因此怪罪于我们。但是如果我们做了，那显然就多了一个机会。要知道，天道酬勤，我们多付出的时间和精力并没有白白浪费，终有一天，命运会给予我们更为丰厚的回报。

我们只有多做一点，才能最大限度地展现自己的工作态度，最大限度地发挥出个人的天赋和才华，才能向大家证明自己比别人强。当我们将多做一些变成一种良好的习惯，并将其充分地贯彻在我们的工作中时，那么我们离成功就会越来越近。

要知道，如果一个人能够勤奋努力，每天都比别人多做一点，尽心尽力去工作，处处为别人着想，那么这样的人必然能够做好一件事，久而久之，成功也会向他招手。

所以，如果我们想成功，那就多做一些吧。只有比别人多做一点，多想一些，并且一直坚持，我们才能创造不凡的业绩。只要我们坚持每天多做一点，就能从平凡走向卓越。

乔治是美国著名的出版家。他少年时，家境贫困，生活十分艰难。12岁那年，乔治经人介绍，在费城一家书店找了一份店员的工作。对于少年乔治来说，这份工作很重要，能够改善一家人的生活。所以，从上班第一天起，他就十分勤奋，自己的工作做完了，还要帮助老板处理其他事情。

有一天，老板对他说："没事你就可以早点回家。"

但是乔治却说："我想做一个有用的人，现在我手头上也没事做，就再让我做其他的事吧，我希望证明我自己。"

老板听了乔治的话，越来越赏识眼前这个小伙子了。

后来，由于工作勤奋，乔治很快就成为这家书店的经理。再后来，他又成为美国出版界的大佬。

无论做什么工作，我们都需要努力奋进，多思考、多学习、多努力、多干一些事情。要知道，比别人多干一些活儿，非但不会吃亏，反而能带我们走向成功。

所以，坚持每天多做一点吧，这样不仅能展示我们的实力和才华，还能让我们获得更多宝贵的财富。相信拥有这样的心态后，我们的工作一定会顺风又顺水，我们的前程一定会越来越光明。

一个成功的推销员曾用一句话总结他的经验："你要想比别人优秀，就必须坚持每天比别人多访问五个客户。"比别人多做一点，这种积极主动的行为，常常可以给一个人带来更多机会，也能使人从竞争中脱颖而出。

对一个人来说，做事是否积极主动，常常是于细微处见真情。在职场中，只要我们具备一种积极主动做事的心态，每天多努力一点、多付出一点，我们就能在工作中争取到更多的机会。不要怕多做事，你做的事情越多，你在企业中就越重要，你的地位就会越来越高。

俗话说"能者多劳"。一个人做的多少，从另一方面来说，真的可以体现出能力的高低。当今社会不断发展，作为企业的员工，你的工作范围也应不断地扩大。不要逃避责任，少说或不说"这不是我应该做的事"，因为，如果你为企业多出一分力，那么你就多了一个发展的空间。如果你想取得一定的成绩，办法只有一个，那就是比别人做得更多。

在工作中比别人多做一点，不仅是一种智慧，还是走向成功的一条准则，更是一种不怕吃亏的勇气。只要我们在平凡的岗位上，坚持"每天多做一点"，那终有一天会实现自己的人生价值，获得成功。

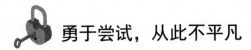

勇于尝试，从此不平凡

有人说工作的实质就是解决问题，没有问题的工作是不对劲的，有问题出现，工作才能正常运转。确实是这样的，无论是什么工作都不是一帆风顺的，而解决问题的秘诀就是，面对问题时主动迎击，敢于挑战，只有这样，我们才会在工作中开辟出一个全新世界。假如胆怯，故意躲避，我们就很难取得成功。

在这个世界上，只有解决不了问题的人，没有解决不了的问题。优秀员工善于发现问题，解决问题，对他们来说，找到并掌握解决问题的方法永远比逃避问题更重要。而成功永远偏爱善于解决问题的人。

工作中，我们要以积极的心态看待问题，化被动为主动，不急不躁，解决了问题，就等于收获了无限成功。对工作中出现的问题，要敢于挑战，敢于拼搏，就像向对手出招一样，不要胆怯，要勇敢地伸出你的拳头，尽心尽力，时间久了，你会惊讶自己的力量是这样大。

李梅是个乐观积极、敢于尝试的人。她经过自己的努力，终于在一家五星级酒店找到了一个前台的工作。虽然是一份不起眼的工作，但是李梅在工作中却总能面对问题主动出击，敢于挑战，将问题解决得很彻底。她年纪虽小，却在酒店中颇有威信。同事们工作上有什么问题都会来请她帮忙，她总能想出最好的办法把问题处理得很好。

李梅工作的单位就餐时可以在酒店吃，谁想吃多少就吃多少。但是这样一来出现了一个十分棘手的问题：有些员工打的饭菜吃不完，就往垃圾桶里倒，而有的员工来得晚吃不饱，甚至没得吃。于是，经理下令在员工就餐的地方贴上了"乱倒饭菜，罚50元"的标语。刚开始还行，没过几天就不管用了。

李梅看到这种情况，找到经理说了自己的建议，把"乱倒饭菜，罚50元"换成了"好员工珍惜粮食，优秀员工团结友爱"的标语。自从李梅的标语贴出来后，再也没有发生过以前混乱的现象。

有一次，李梅值夜班，接到一个电话，说某房间的宾客是自己的父亲，今天是父亲的生日，她希望李梅能代她祝福父亲生日快乐。当时已是晚上十点多了，要做什么都来不及了，而且她一个女孩子，假如客人已经休息，也会十分尴尬。

李梅忽然有了办法，找来同事，得知客人还没有休息，而且打听出客人有吃夜宵的习惯，她赶忙找到经理，说明缘由，并商量了相关事宜。回到前台，她拨通了客人房间的电话，说在本月宾馆举办的住宿有奖活动中，他幸运中奖了，请他到一楼就餐室享用夜宵。客人听后非常高兴，答应几分钟后就去吃夜宵。

当这位客人走进餐厅时，现场突然响起了生日祝福歌，在一张铺着大红桌布的餐桌旁，李梅和她的同事穿着干净整洁的员工制服，拍着双手，满面笑容地唱着生日祝福歌。客人一下子愣住了。李梅走上前去，朝他鞠了一躬："祝您生日快乐！"客人激动得连声说："谢谢！我很幸运。"

这位客人次日退房离开了宾馆。很快，这件事一转眼就过去了。一个月后，那位客人再次来到宾馆指名要见李梅，并让李梅帮他安排下个月的一个商务会议，还要预订 28 间高级客房，时间为一周。这时的李梅已是前台领班，对她的安排，客人非常满意，并且深深感谢李梅为他安排的生日有奖夜宵，他说还要与宾馆签订长期商务会议合作事宜，以后他公司的商务会议就定在这家宾馆了。

李梅所在的宾馆生意越来越好，这位客人把自己在这家宾馆遇到的事情向自己的朋友说了，还介绍很多人帮这家宾馆揽生意。李梅很高兴，没想到自己分内的工作却给自己带来了非常大的业绩。

很多优秀的职员背后都付出了巨大的努力。他们都有良好的品质和工作习惯。面对问题敢于出击，敢于超越。

人生就是一个积累的过程。人生的不平凡也是在工作的平凡小事中积累出来的。只有对自己的工作认真负责，才能把工作做好。我们要做工作的主人，兢兢业业，认认真真，面对问题敢于现身，在解决问题的过程中努力尝试，而不是故意逃避。

工作努力的人，在工作中总是能够贡献更多的聪明才智，而工作不负责的人，他们只会躲藏起来。成功是不断努力积累的过程，那些看似功成名就的人，其实在成功之前，已经默默地奋斗了许多年了。假如想登上成功的山巅，你必须保持积极进取的心，即便面对困难，也不退缩。

 ## 成为不可替代的员工

现代市场竞争激烈，一个人只有坚持学习，不断进行知识的积累与更新，才能使自己适应急速变化的时代。职场上，竞争无处不在，如果你还在原来的地方踏步，而别人则是不停地向前奔跑，刚开始可能拉开的距离不大，但是时间一长，你就该追悔莫及了。如何掌控你的工作？只有不断给自己补充知识和能量，才能在职场永远常青。

不管是老板还是员工，无论你处于什么职位，在工作中只有不停地学习，你才能获得事业上的发展与成功。

知识是一个成功人士的最大资本，知识的占有量从某种程度上可以体现员工的才华和能力。而对知识的渴求和孜孜不倦地学习，则可以帮助你提高自己的竞争力，从而获得更加丰厚的报酬。在实际工作中，一个优秀的人是不会放过任何一次学习机会的，即使自己掏腰包接受再教育也在所不惜，因为他们知道"时刻充电"其实就是自我加薪。

比尔·盖茨曾经说过："一个人如果善于学习，他的前途会是光明的，而一个良好的团队，要求每一个组织成员都是那种迫切要求进步、努力学习新知识的人。"无疑，对个人而言，从薪水角度出发，不断给自己充电也是一项不断完善自身、逐渐提高个人收入的系统工程。

能够拿高薪的员工永远都是那些善于学习，拥有广博的知识，能够为企业带来利益的人。优秀的员工都很重视在工作中学习，而且他们也不会放过任何一个获得培训以提升自身能力的机会。

任何人都不可能在瞬息之间就取得巨大的成就，只有持之以恒地去学习，每天都坚持学习一点新东西，每天进步一点点，养成这种勤于学习的良好习惯，这样才能够增长知识，从而提高自己的判断、分析等各方面的能力，为自己赢得高薪打下坚实的基础。

随时随地进行学习，经常为自己充电，是确保个人拿得高收入、赢得老板赏识的重要原因。一个人的知识储备越多、经验越丰富，其工作起来也就越会游刃有余。

作为一个职场人士，你必须自省，要看到自己在知识上的欠缺和不足，并积极行动起来，迎头赶上。一个人吸取知识的有效途径就是随时随地进行学习，用新知识、新观念来充实自己的头脑，要学会怎样把知识变成能力，用知识丰富想象，善于灵活运用所掌握的知识去参与竞争，提高自己的工作效率，从而使自己有更高的收入。

在当今这个注重效率的时代，时间就是金钱，效率就是生命。对于企业来说，效率如何决定着企业的兴衰成败，而对于个人来说，效率如何决定着个人能否成功。没有高效率的员工只能在工作上花费更多的成本。任何一位员工，要想成为优秀员工，就要提高工作效率。

要想提高工作效率，你可以从多个方面入手，但首先要提高自己的专业知识技能。掌握更多的专业知识和技能，能够让你的工作变得更加得心应手。这要通过学习和实践来实现。所以你要争取更多的培训机会，不断学习新知识，并通过工作来提高自己解决实际问题的能力。

学习专业知识，提高自身素质，是应对职场变化最有力的法宝。善于学习可以让你在各种变化中应付自如——无论是分配给你一个紧急任务，还是反复要求你在短时间内成为某个新项目的专家，都可以帮你顺利完成。

在企业中，尤其是在世界知名的企业中，几乎每一个员工都是经过精挑细选，战胜无数的竞争者才得到某一工作的机会。大家都站在同一高度，你要想使自己看得远，唯一途径就是垫高自己——也就是通过不断的学习来充实自己。只有这样，才能在情况发生变化的时候处变不惊，胜人一筹。

学习能增长我们的智慧，能更好地与职场飞速发展趋势相适应。但是，你有没有想过，你赖以生存的知识、技能会随着岁月的流逝而不断地折旧。在风云变幻的职场中，脚步迟缓的不愿继续汲取知识的人瞬间就会被甩到后面。对于知识的不断发展、更新，除非你与时俱进，不断地学习和提高自身的工作技能，否则就不能跟上职场的发展需要。

说到底，学习能力就是一种工作能力。一个不善于学习的人，一个不知道自己该学习什么的人，往往工作能力也很糟糕。在现在的职场上，不管你从事的是哪一种行业，没有知识总是愚蠢和可怕的，不继续深化知识和技能更是可悲。

任何一个成功者，都是通过学习才开始走向成功的。终生学习，才会终生进步。社会在不断地发展变化，学习就像逆水行舟，不进则退。人的知识不进步，就会后退，知识就像机器也会有折旧，特别是像电脑方面的知识，数年不进步，就会面临淘汰。一个人要成长得更快，就一定要喜欢学习，善于学习。

  社会科技不断进步，如果你止步不前，不愿学习，你将一直做着那些最机械的、最单调、最简单的重复性工作，而那些技能性的、技术性较强的工作因为你的无法胜任而与你无缘，这同时也就意味着你的升迁、加薪是一个遥遥无期的梦。